B. & K.

Auf unserer Welt gibt es überhaupt nur
zwei Arten von Tragödien:
Daß man das, was man haben möchte,
nicht bekommt,
oder daß man es bekommt.
(Oscar Wilde)

Dietmar B. Reimann

BERNSTEIN ZIMMER KOMPLOTT

Die Enttarnung eines Mythos

Verlag Bock & Kübler

*Ich danke meiner Frau Brigitte und meiner Tochter Andrea
– ohne deren Geduld und Unterstützung dieses Buch nicht
zustande gekommen wäre.*

© Verlag Bock & Kübler, 1997

Berlin – Fürstenwalde

Alle Rechte vorbehalten.

Die Herausgabe des Buchs

wurde von der Fa. Golden books unterstützt.

Bildnachweis: Einbandfoto Ulrich Lenze, aus: "Die Jagd nach dem Bermsteinzimmer". In: "Sphinx – Geheimnisse der Welt", Lübbe–Verlag 1994.

Bildteil: Dietmar B. Reimann (7); BStU Akte "Puschkin" (5); Sächsisches Staatsarchiv (3).

Satz/Gestaltung: Kathrin Steuer

Lithos: M8 Labor Berlin

Gesamtherstellung: Offizin Andersen Nexö Leipzig, ein Betrieb der Interdruck

Graphischer Großbetrieb GmbH

Printed in Gemany

ISBN 3–86155–082–2

Beinahe ein Vorwort

Wieder einmal geht es in einem Buch um das Bernsteinzimmer. Kaum ein zweites Kunstwerk hat in den letzten fünfzig Jahren so viele Autoren angeregt, Buchseiten und Filmmeter zu füllen, wie dieses sagenumwobene "Achte Weltwunder". Dabei gilt es seit über fünfzig Jahren als nicht mehr existent, und von den Personen, die es in wahrer Pracht noch gesehen haben, leben auch nicht mehr viele. Die wenigen beschreiben das Zimmer als sehr schöne Erinnerung an einen Raum, der durch seine Außergewöhnlichkeit einen bleibenden Eindruck hinterließ.

Der besondere Wert dieser Wandverkleidung besteht zweifellos mehr in seiner einmaligen Handwerkskunst als in seinem Material, und er wurde durch seinen ungeklärten Verbleib um einiges gesteigert. Zumindest in den Köpfen derer, die sich – warum auch immer – dafür interessierten.

Im Laufe des Zweiten Weltkrieges haben viele Kunstgegenstände ihren Besitzer gewechselt. Nicht aber den Eigentümer. In den neunziger Jahren des zwanzigsten Jahrhunderts tauchten aber immer mehr von den als "verschollen" geltenden Kunstschätzen an den unerwartetsten Orten der Welt auf.

Zweifelsohne haben sich Sieger und Verlierer des Krieges schamlos bedient, und deren "Erben" versuchen nun, diese Kunstgüter in klingende Münze zu verwandeln. Selbst Staaten wie Rußland, die durch den letzten großen Krieg viel verloren haben, genieren sich heutzutage nicht, ihre "Beutekunst" öffentlich zu zeigen, um damit die Rechtmäßigkeit ihrer Siegergebaren zu demonstrieren.

Um keine dieser Kriegstrophäen bildete sich aber so ein Mythos wie um das Kleinod aus Bernstein, Eichenbohlen, Spiegeln, Wandleuchten und Leim.

Diese Legende entstand, weil das Bernsteinzimmer seit dem

Ende des Zweiten Weltkrieges vermeintlich spurlos verschwunden ist und die daraus entstandene Mähr von einigen Mächtigen der Nachkriegszeit für ihre ideologischen Ziele mißbraucht wurde.

'Im Auftrag Adolf Hitlers der Sowjetunion geraubt und seit 1945 verschollen'. So lautete bis 1990 die offizielle Version im Osten Europas, obwohl man nie einen Beweis dafür fand, daß Hitler jemals auch nur das geringste Interesse an diesem Kunstwerk zeigte.

Das Bernsteinzimmer habe Königsberg nie verlassen, nachdem es 1941 von Kunstschutzoffizieren der deutschen Wehrmacht aus dem Frontgebiet um Leningrad dorthin gebracht wurde. Und das sei in Übereinstimmung mit den gültigen Kriegsregeln zum Schutz dieses einmaligen Kunstwerkes geschehen. Demnach ist es bei Einnahme der Stadt durch die Rote Armee vernichtet worden.

In diese Richtung ging die Argumentation der Politiker des Westens, und seit der Einheit Deutschlands gilt diese Variante als offizielles Ergebnis der Geschichte.

Wie war es aber wirklich?

Läßt sich diese verworrene Story eigentlich nach einem halben Jahrhundert noch rekonstruieren?

Versuchen wir das, was über das Bernsteinzimmer, seine Schöpfer, Besitzer und Eigentümer bekannt ist, noch einmal zusammenzufassen, und bemühen wir uns ein paar logische, unvoreingenommene Schlußfolgerungen zu ziehen, um zu verstehen, warum dieses verschollene Kunstwerk vermutlich nie objektiv gesucht wurde und weshalb ausgerechnet das Bernsteinzimmer zum Argument politischer Interessen geworden ist, deren Motive mit dem Raub des Kunstwerkes wahrlich nichts mehr zu tun haben.

Man schrieb das Jahr 1701. Der prunksüchtige Preußenkönig Friedrich I. hat seine ausgefallenste Idee in Sachen Kunst in Auftrag gegeben. Er läßt den im ostpreußischen Königsberg lebenden dänischen Bernsteinmeister Gottfried Wolffram für das Schloß Charlottenburg eine "Tapete" aus Bernstein anfertigen. Vermutlich wurde dem Preußenkönig dieser Meister aber zu teuer, so daß die Wandverkleidung von den deutschen Bernsteinmeistern Schacht und Turow vollendet wurde.

Einige Jahre danach schmückte diese Wandvertäfelung dann aber einen Raum im Berliner Stadtschloß am Lustgarten, in dem sich der Preußenkönig mit seinen engsten Vertrauten, dem 'Tabakskollegium', nicht nur dem Genuß des Tabaks hingab. Ein königliches Stammtischvergnügen. Der Sohn des ersten Preußenmonarchen, der als Soldatenkönig in die Geschichte eingegangene Friedrich Wilhelm I., hatte für diese Art des Zeitvertreibs weniger übrig. Ihm erschien es wichtiger, Preußen militärisch zu stärken. Doch was tun, wenn ringsherum Feinde lauern? Brandenburg– Preußen war nur ein kleines Land und durch die Verschwendungssucht des kurfürstlichen Vaters knapp bei Kasse.

Seine Absicht, diesen Zustand zu ändern, zwang ihn zum Handeln. Ein erster Schritt dazu war, das von den Schweden besetzte Vorpommern seinem Preußenreich anzugliedern. Dazu brauchte er aber einen starken Waffenbruder. Den fand er in dem russischen Zar Peter I., auch als Peter der Große bekannt. Und dieser russische "Imperator", wie er sich selbst gern nennen ließ, schloß mit Friedrich Wilhelm I. ein Militärbündnis. Als Unterpfand für dieses Bündnis ließ sich der Zar die Bernsteintäfelung, an der er einen großen Gefallen gefunden hatte, zur Verfügung stellen. Dieser Zar dachte nun mal praktisch. Schließlich und endlich besaßen die Preußen genügend andere Kunstwerke, und der Russe fing gerade erst an, St. Petersburg als Prachtmetropole zu erbauen.

Zum Ausgleich für das Bernsteinzimmer überließ der Zar dem Preußenkönig einige litauische Recken. Mit denen konnte Friedrich seine "langen Kerls", wie er die Soldaten seiner Garde selbst bezeichnete, vervollständigen.

Im April 1716 wanderte dann das in Kisten verpackte Bernsteinkabinett von Berlin nach Memel. Alles unter dem Motto: Biete Interessengemeinschaft und Kunstwerk, suche

Freund mit Soldaten. Was tut man nicht alles zum Wohle der preußischen Krone, die sich sein Vater Friedrich I. im ostpreußischen Königsberg einst selbst aufs Haupt gesetzt hatte. So entstand eine Zweckgemeinschaft, die in familiären Verbindungen ihre Fortsetzung fand. Verbindungen, die schließlich dazu führten, daß der deutsche Adel eigentlich der Herrscher Rußlands wurde und sich mit fast allen europäischen Monarchenfamilien vereinte.

Europa unter Vorherrschaft des deutschen Adels: allen voran die Preußen, Hessen und Sachsen – ein Traum, dem schon die Kreuzritterorden nachhingen und der von manchen bis heute nicht ausgeträumt ist.

Im Fall "Rußland der Romanows" ergab sich der Verlauf der Geschichte wie folgt:

Peter I., ein Zar aus der Familie der Romanows, heiratete bekanntlich in zweiter Ehe seine Mätresse, die litauische Bauerntochter Marta Skawronska eine Magd aus Marienburg in Ostpreußen, die er 1724 zur Kaiserin Katharina I. krönen ließ. Das war ein ungewöhnlicher, aber volkstümlicher Zug.

Ihrer beider Tochter, die Prinzessin Anna, wurde 1725 mit dem Herzog Karl Friedrich von Schleswig–Holstein–Gottorp verheiratet. Dadurch wurde Katharina I. die Stammutter des Zarenhauses Romanow–Holstein–Gottorp. Thronfolger, also russischer Zar und Erbe der Romanows, wurde nach seiner Tante Elisabeth der Herzog Karl Peter Ullrich von Holstein–Gottorp (Peter III.), ein Sohn der Romanow–Tochter Anna und des Herzogs von Schleswig–Holstein–Gottorp, einem Ableger des deutschen Hochadels. Zumindest in der väterlichen Linie, und die war bei den Erbfolgen entscheidend.

Da es die hohen Familien wiederum so wollten, heiratete Peter III. schon 1745 Sophie Friederike Auguste von Anhalt–Zerbst, ebenfalls aus deutschem Adel stammend, die als Katharina II., die Große, in die Geschichte einging. Sie ließ ihren Mann, nachdem er 1762 zum Zaren berufen wurde, ermorden und sich selbst zur Kaiserin krönen. Ihre Erben und Nachfolger war demzufolge deutscher Adel mit etwas russischem Blut der Romanows – wenn überhaupt, denn über das Liebesleben dieser Dame gibt es ja die tollsten Geschichtchen.

Im Jahre 1825 heiratete dann der Thronfolger Nikolaus I., Bruder Alexanders I. und Enkel von Katharina II. und Peter III., die Hohenzollernprinzessin Charlotte von Preußen. Ihr Vater war Friedrich Wilhelm III. Ihre Mutter, Königin Luise von Preußen, aus dem Haus Mecklenburg–Strelitz, war in den Wirren der Napoleonischen Herrschaft in Europa eine sehr enge Freundin des russischen Zaren Alexander I. geworden. Ergebnis dieser Freundschaft war das Bündnis Rußlands und Preußens gegen Napoleon, die siegreiche Völkerschlacht bei Leipzig und die Eheschließung ihrer Tochter mit Alexanders Bruder, Nikolaus I.

Deren Sohn Alexander II. wiederum zeugte mit seiner ersten Frau, Marie von Hessen–Darmstadt, den späteren Zaren Alexander III. und die Großfürsten Wladimir, Sergej, Paul und Marie. Während Marie in das britische Königshaus einheiratete, vermählten sich Wladimir und Sergej mit Töchtern der Familien Mecklenburg–Schwerin und Hessen–Darmstadt. Paul wiederum nahm sich die griechische Prinzessin Alexandra zur Gemahlin.

Der letzte russische Zar Nikolaus II., Sohn Alexanders III., wurde 1918 mit seiner Gattin, Prinzessin Alice von Hessen–Darmstadt, und ihren Kindern in Jekaterinenburg ermordet. Prinzessin Alice war auch die Enkeltochter der britischen Königin Victoria und des Herzogs von Sachsen–Coburg und Gotha. (Der letzte deutsche Kaiser, Wilhelm II. von Preußen, war bekanntlich auch Enkelsohn der Königin Viktoria und ihres sächsischen Gemahls.)

Der französische Historiker Pierre Miquel bezeichnet diesen Zustand in seinem Buch "Europas letzte Könige" mit den treffenden Worten: "Kurzum, das Blut der Romanows war gründlich germanisiert." [1]

Im Zusammenhang mit der Geschichte um das Bernsteinzimmer ist noch wesentlich, daß Kirill von Rußland, der

Die Romanows (1682–1918)

Peter I. (Zar 1682–1725) *verheiratet mit* **Katharina I.** (Zarin 1725 – 1727)

Peter II. (Zar 1727–1730) letzter Romanow im Mannesstamm

Anna *verheiratet mit* (Tochter Peter I. und Katharina I.)		**Herzog Karl von Schleswig–Holstein–Gottorp**
deren Sohn **Karl Peter** *verheiratet mit* **Ulrich von Holstein–Gottorp** (Zar Peter III., 1762– 1762 ermordet)		**Sophie Friederike von Anhalt–Zerbst** (Zarin Katharina II. 1762 – 1796)

deren Sohn **Paul I.**

(Zar 1796–1801 ermordet)

dessen 1. Sohn

Alexander I. (Zar 1801 – 1825)

dessen 2. Sohn

Nikolaus I. *verheiratet mit* **Charlotte von Preußen**

(Zar 1825–1855) (Tochter Friedrich Wilhelm III.)

deren Sohn

Alexander II. *verheiratet mit* **Marie von Hessen–Darmstadt**

(Zar 1855 – 1881)

deren 1. Sohn

Alexander III. *verheiratet mit* **Dagmar von Dänemark**

(Zar 1881–1894)

deren 2. Sohn *verheiratet mit* **Maria von Mecklenburg–Schwerin**
Wladimir

der einzige Sohn von Alexander III.

Nikolaus II. *verheiratet mit* **Alice von Hessen–Darmstadt**

(Zar 1894–1917 ermordet 1918) (ermordet 1918)

deren Kinder alle 1918 ermordet

der Sohn des Großherzogs Wladimir

Kirill von Rußland *verheiratet mit* **Victoria von Sachsen Coburg–Gotha**

deren Tochter *verheiratet mit* **Louis Ferdinand von Preußen**
Kira von Rußland (Thronfolger und Erbe)

Sohn des Großfürsten Wladimir – ältester Bruder des Zaren Alexander III. – Viktoria von Sachsen–Coburg–Gotha heiratete. Deren Tochter Kira wurde die Gattin des Anwärters auf den preußischen Thron und Enkel des letzten deutschen Kaisers, Louis Ferdinand von Preußen.

Aber zurück zum Bernsteinkabinett, denn eigentlich wollen wir ja etwas über das verschollene Kunstwerk in Erfahrung bringen.

Die Tante des russischen Thronfolgers Peter III., die Zarin Elisabeth, läßt 1755 die Wandvertäfelung aus Bernstein, das Unterpfand preußisch–russischer Politik, nach Zarskoje Selo bringen, der eigentlichen Sommerresidenz der Zarenfamilie.

Im Katharinenpalais des Schlosses werden die 12 Wandfelder und 10 Sockelstücke in den Werkstätten des Hofarchitekten Rastrelli erweitert, um sie den Maßen des großen Festsaales, in dem sie ihre Heimstatt finden, anzupassen. Es wurden 24 venezianische Spiegel und vier italienische Landschaftsdarstellungen aus venezianischem Steinmosaik eingefügt. Ausgeführt wurden diese Arbeiten vom italienischen Bildhauer Martelli sowie fünf Bildhauern und Bernsteinmeistern aus Königsberg. Sie brauchten acht Jahre, bis dieses einzigartige Kunstensemble fertig war. Die Künstler hatten die Wandvertäfelung noch mit Reliefs, Figürchen, Wappen und Leuchtern erweitert. Dazu vollendete ein Intarsienfußboden mit Perlmutteinlagen das unbeschreibliche Bernsteinzimmer in Zarskoje Selo.

Dieser Raum im Sommerschloß wurde dann auch der Lieblingsort der Zarin Katharina II., die sich, so berichtet die Legende, an langen Winterabenden im warmen Schimmer des Bernsteins mit Kartenspiel die Zeit vertrieb.

Bei allen, die im Palais von Zarskoje Selo den Raum mit der Wandvertäfelung aus Bernstein betraten, hinterließ diese handwerkliche Meisterleistung einen bleibenden Eindruck. 'Der Bernstein hält in sich die Sonne gefangen', so wird in der ganzen Welt von diesem einmaligen Kunstwerk gesprochen.

"Der Stil des Bernsteinzimmers ist ein Gemisch von Barock und Rokoko und ein wahres Wunder. Nicht nur durch den großen Wert des Materials, die kunstvolle Schnitzerei und die Leichtigkeit der Formen, sondern hauptsächlich durch den schönen, bald dunklen, bald hellen, aber immer warmen Ton des Bernsteins, der dem Zimmer einen unaussprechlichen Reiz verleiht", schrieb der russische Kunsthistoriker Witschowski. Kunstverständige lassen diese Meisterleistung an handwerklich–künstlerischer Fertigkeit sogar als "Achtes Weltwunder" gelten. Ein "Weltwunder", von italienischen und deutschen Künstlern im Auftrag einer preußisch–russischen Adelsverbindung geschaffen und auch in deren Besitz; es war eines der Heiligtümer der europaweit verzweigten Kaiser– und Königsfamilie mit deutschem Hauptanteil geworden.

Bis im Jahre 1917 Lenin mit seiner Oktoberrevolution in Rußland die Macht übernahm. Die Diktatur des Proletariats war aber auch nur eine Diktatur und führte zum Mord an der Zarenfamilie Romanow. Das war dann das physische Ende der russischen Zarendynastie, die eigentlich eine deutsche war. Zorn und Haß der europäischen Adelsfamilien auf den Bolschewismus Lenins hatte so gesehen eine verständliche Ursache.

Das Katharinenpalais in Zarskoje Selo, und damit auch das Bernsteinzimmer, ging in den Besitz der Sowjetmacht, also des "Sowjetvolks" über. Jedenfalls bildete man sich nach den nun in Rußland herrschenden Gesetzesvorstellungen ein, daß es so sei. Und da man gerade einem Zaren den Garaus gemacht hatte, konnte man seine ehemalige Sommerresidenz nicht mit seinem Andenken benennen lassen. So wurde aus Zarskoje Selo Puschkin, bezeichnet nach dem dort geborenen russischen Dichter. Hier wurde nun das Kunstwerk als Museumsgut zur Besichtigung freigegeben.

So belassen bis zum 22. Juni 1941, dem Tag, an dem die deutsche Wehrmacht im Auftrag ihres Führers Adolf Hitler die Sowjetunion überfiel. Schon am 15. Juli 1941 erreichten Hitlers Truppen die Stadt an der Newa, aber trotz eines großen Aufgebots deutscher Soldaten gelang es nicht, das damalige Leningrad zu besetzen. 900 Tage dauerte die Belagerung der Stadt, in deren Umgebung Puschkin liegt. Das Katharinenpalais lag im unmittelbaren Frontgebiet.

Als Granaten das Schloß schließlich fast in Schutt und Asche gelegt hatten, war das Kleinod der Bernsteinkunst schon nicht mehr da. Kunstschutzoffiziere der Wehrmacht, Rittmeister Graf zu Solms–Laubach und Hauptmann Dr. Georg Poensgen, ließen die Wandverkleidung abbauen und nach Deutschland abtransportieren.

Am 13. November 1941 meldete die Königsberger Allgemeine Zeitung: "Wände aus Bernstein im Schloß". Und dort wurde die kostbare Wandvertäfelung zuletzt im Frühsommer 1944 gesehen. Seit diesem Zeitpunkt ist das berühmte "Achte Weltwunder" verschwunden. Fachleute schätzen es auf einen Wert von 250 bis 300 Millionen Dollar.

Wer hat bis heute nicht alles danach gesucht: Kunsthistoriker, Geheimdienstmänner, Kriminalisten, Schatzsucher und immer wieder Journalisten. Es wurde viele Male verbrannt, gesprengt, versenkt, versteckt und verloren; zumindest kamen die bisherigen Sucher zu solchen Ergebnissen.

Wurde aber jemals wirklich ernsthaft danach gefahndet? Ohne Vorurteile?

Warum wurden Suchaktionen bisher entweder äußerst geheim oder nur mit stark behinderter Privatinitiative durchgeführt? Welche seltsam anmutende Geschichte hat sich hier abgespielt, die bis in die heutige Zeit noch Nachwehen erzeugt und ungeklärte Todesfälle hinterläßt?

Schmidts Auftrag

Nec scire fas est omnia (Horaz)
(Man sollte nicht alles wissen)

Eine Detektei zu betreiben, gehörte im Osten Deutschlands auch im Mai 1994 noch zu den etwas ungewöhnlichen Möglichkeiten, sich seinen Lebensunterhalt zu verdienen. Dabei bot gerade diese Zeit mit ihren ungelösten Problemen und teilweise völlig neuen Lebensformen genügend Raum für den Job eines Privatdetektivs, da sie der Kriminalität aller Genres Tür und Tor geöffnet hatte. Schließlich wollten sich gewisse "Geschäftsleute" die Möglichkeit, auf schnelle Art zu Geld zu kommen, nicht entgehen lassen. Das "neudeutsche" Gebiet westlich von Werra und Elbe war ja mit einem Mal lukrativ für ihre Tätigkeit geworden. Und genau diese Situation veranlaßte mich, mir einen neuen Partner ins Geschäft zu holen.

Peter Rau war Diplomkriminalist a.D. und ein qualifizierter Mann für diese Arbeit. Schon seit geraumer Zeit gab es zwischen uns Überlegungen, unsere Detekteien zu einem Geschäft zu vereinen. Und beinahe als Einstand für unser gemeinsames Wirken brachte Peter einen möglichen Auftrag mit. Ein gewisser Horst Schmidt brauchte unsere Hilfe.

"Schmidt?"

"Schmidt hat sich, als er noch Oberstleutnant der Stasi in D. war, auch mal mit der Suche nach dem Bernsteinzimmer befaßt. Und darum geht es wohl. Der ist ein etwas komischer Typ. Man nannte ihn früher den Partisan."

Das Bernsteinzimmer?! Meine Kenntnisse darüber waren sehr gering und nach wenigen Stichpunkten erschöpft.

Ich wußte nur, daß dieses Kunstwerk verschwunden war, weil Deutsche es im Zweiten Weltkrieg geraubt hatten. Punkt. Diese Kenntnisse waren sehr mager und ich bezweifelte, daß wir diesem "Partisan" helfen konnten.

Aber eins bediente Schmidt total: die gängigen Klischees über Geheimdienstleute.

Der Park am Völkerschlachtdenkmal, dem Steinhaufen aus Zeiten des letzten deutschen Kaisers im Süden Leipzigs, sollte unser Treffpunkt sein. Kein Büro, keine Wohnung, kein Restaurant kam in Frage. Man könnte ja abgehört oder beobachtet werden. Und dann tauchte er auf – im weißen Mercedes. Ich hätte aber wetten können, der fährt noch Lada.

Na gut. Wette verloren.

Doch aus dem riesigen Schlitten schien der letzte DDR–Minister für Staatssicherheit, Erich Mielke auszusteigen. Der alte Lederhut, die Statur, der Gang, die Kleidung, alles beinahe original. Als er näher kam, stellte ich fest, daß es zumindest der Zwillingsbruder dieses Herrn sein mußte, auf jeden Fall aber ein naher Verwandter, wenn auch nur im Geist. Genauso klein, genauso krank. Das ganze Gegenteil eines James Bond. Und so etwas war mal Oberstleutnant der Stasi? Nun ja, Tarnung ist eben alles.

Als ob er spürte, daß ich ihn nicht ganz ernst nahm und er meine Gedanken erraten hatte, verhielt er sich mir gegenüber sehr reserviert, eher mißtrauisch. Während er versuchte, uns sein Anliegen klarzumachen, sprach er zumeist in Andeutungen und mit großen Gedankensprüngen, denen ich nur mit Mühe folgen konnte.

Du meine Güte, dieser kränkelnde Opa soll nun über das meistgesuchte Kunstwerk der Welt etwas wissen? Wie gesagt, er spürte meine Zweifel. Zumal ich auch nicht versuchte, sie zu verbergen.

Mein Lebensweg als Matrose der Handelmarine und Pionieroffizier der Volksarmee hatte mich zur Genüge mit diesen Typen zusammengebracht und meine eigene Meinung von ihnen geprägt.

"Wir haben nicht nur Leute bespitzelt. Ehrliche Arbeit haben wir geleistet. Mörder und Naziverbrecher wurden von uns ihrer gerechten Strafe zugeführt. Ich habe auch wesentliche Anteile bei der Suche nach dem Bernsteinzimmer erbracht."

Nun wußte ich es genau – er war doch anders als die anderen.

"Von mir stammt die Idee, Hunde zur Suche nach Bernstein abzurichten." Und genau diese Hunde hätten ihm jetzt, vier Jahre nach der Wende, mögliche Spuren gezeigt.

So richtig wußte ich nach diesem "konspirativen" Treffen nicht, was dieser Herr Schmidt denn nun eigentlich von uns wollte. Auf keinen Fall vergab er einen Auftrag, das war erst mal klar.

"Wenn ich ihn richtig verstanden habe, dann wollte er, daß wir ihn bei der weiteren Suche unterstützen. Wir sollen außerdem dafür sorgen, daß seine oder unsere Suche rechtlich abgesichert wird. Oder so ähnlich." Also war auch Peter nicht klar, was Horst Schmidt eigentlich von uns wollte. Eindeutig war nur, wir sollen etwas für ihn tun. Was genau, würden wir später erfahren. Eigentlich war mir das Bernsteinzimmer ziemlich gleichgültig. Es gab wichtigere Dinge als Schatzsuche ohne Bezahlung. Aber irgendwie war die Geschichte schon interessant.

Der Zufall wollte es, daß ich am selben Tag in der Kanzlei meines Freundes und Rechtsanwalts Frank Hartmann einen Termin hatte. Es war nur zwei Stunden nach unserer seltsamen Begegnung im Park. Gerade als wir über die Möglichkeiten zur Klärung eines Problems sprachen, kam Franks Chef ins Zimmer.

"Es tut mir leid, daß ich euer Gespräch stören muß, aber ich habe gerade einen Klienten am Telefon, der wissen will, ob Frank schon etwas in Sachen Schatzsucher unternommen hat."

Ich war wie vom Donner gerührt. Was denn nun?

Zweimal an einem Tag dieses Thema und unter solch verschiedenen Umständen, was für ein seltsamer Zufall.

"Was habt ihr für Klienten? Schatzsucher?"

Sie hätten sich ihr schadenfrohes Lachen ersparen können, ich hatte auch so gemerkt, daß ich einem Irrtum unterlegen war: "Wir bezeichnen nur Leute so, die sich an uns gewandt haben, weil sie angeblich etwas über das Verschwinden von SED–Vermögen wissen. Aber Schatzsucher, so richtige mit Hacke und Schaufel, gibt es momentan auch genug. Die buddeln zur Zeit doch überall rum. Von alten Töpfen bis zum Bernsteinzimmer ist nichts vor denen sicher."

Ich entdeckte eine Möglichkeit, mein mangelndes Wissen über das Bernsteinzimmer etwas zu erweitern, ohne mich der Gefahr auszusetzen, erneut ausgelacht zu werden.

"Stichwort Bernsteinzimmer. Was ist denn das eigentlich?"

Und zu meinem Erstaunen wurde Frank, der "Doktor der Jurispotenz" – mein Spitzname für ihn, von dem er bis heute sicher nichts wußte – total mobil.

"Ha, da kann ich dir allerhand erzählen. Du weißt doch, daß ich aus Aue stamme, und gerade dort hat bis zur Wende der Enke von der Stasi gesucht. Wie ein Besessener."

Enke war mir seit ca. zwei Stunden ein Begriff, denn den Namen hatte Schmidt ebenfalls erwähnt. Er war nach dessen Darstellung bis zu seinem plötzlichen Tod 1987 der oberste Stasischatzsucher.

"Also, in Aue und Umgebung grassiert schon seit Jahren ein wahres Bernsteinzimmer–Fieber. Jeder weiß, daß es in einem alten Bergwerk versteckt sein soll. Und alte Leutchen berichten, daß die Nazis im April 1945 dort ungewöhnlich aktiv waren. Deshalb hat die Stasi mehrere alte Schächte in der Gegend geöffnet und untersucht.

Der Paul‧Enke war seit Anfang der 80er Jahre regelmäßig in Aue, Schwarzenberg und Umgebung gewesen. Er hat dort sogar seinen Urlaub verbracht und sich immer wieder mit den älteren Einwohnern von Schlema unterhalten.

Enke hat ja dann auch ein Buch geschrieben und sich bei Vorträgen als Historiker im Ruhestand vorgestellt. Allerdings wußte jeder, daß er ein Stasimann war. Das konnte er bei seinen ganzen Aktivitäten nicht verheimlichen. Die von der Kreisdienststelle der Stasi in Aue haben da mitgewirkt, und die kannte doch jeder. Dazu kam noch, daß solche aufwendigen Grabungsaktionen nicht von dem Rentner allein organisiert wurden.

Daran hatte die Wismut aktiven Anteil gehabt. Diesen gewaltigen Aufwand konnte der Rentner nicht allein bezahlen. Und wo die überall buddeln ließen, an ...zig Bergwerken haben sie sich versucht, aber nichts gefunden. 1987 ist Enke dann plötzlich gestorben. Seit dieser Zeit haben wir nichts mehr von der Sache gehört."

Franks Kenntnisse bestärkten mich auf jeden Fall, mehr von diesem so mysteriös verschwundenen Kunstwerk zu erfahren. Deshalb sitze ich Tage danach über Enkes "Bernsteinzimmer–Report". Ein Buch, das 1986 im Verlag "Die Wirtschaft" in der DDR erschienen war. In ihm beschreibt Enke die Geschichte des Bernsteinzimmers, wie sie sich aus seiner Sicht zugetragen haben könnte. Er berichtet von vielen Hinweisen, die in den Jahren nach 1945 auf den möglichen Verbleib des Kunstwerkes hindeuten und wer, wo, wann schon alles nach dem Bernsteinzimmer gesucht hat.

Den Hauptteil seiner Berichte nehmen aber die zahlreichen Hinweise und Mutmaßungen ein, die er selbst im Auftrag der Stasi ermittelte und ermitteln ließ, ohne seinen Auftraggeber auch nur einmal zu benennen. Offensichtlich sind durch Enke Hunderte Akten aus den verschiedensten Archiven durchforstet worden. Viele dieser Angaben wurden anscheinend an Ort und Stelle überprüft, Zeitzeugen ausfindig gemacht und befragt, Briefe und Nachlässe sind ausgewertet worden. Trotz einiger interessanter Hinweise und Spuren blieb allerdings am Ende des Reports die Frage nach dem Verbleib des Kunstwerkes völlig offen. Außer, daß sich Enke letztendlich auf den Raum Aue/Schlema als möglichen Verbringungsort festlegte.

Beeindruckend bleibt die Gründlichkeit des Schatzsuchers im Geheimdienstauftrag. Aber das ganze Bemühen endete irgendwo in einer Sackgasse. Er verhehlte deshalb auch nicht den Zweck seines Buchs, den er mit den folgenden Sätzen umschreibt:

"Die Suche nach ihm (dem Bernsteinzimmer, d. A.) wird weitergehen, denn es ist die feste Überzeugung aller an ihr Beteiligten und eines großen Kreises von interessierten Menschen zahlreicher Länder, daß es 1945 nicht vernichtet wurde ... Nur die inzwischen verflossene Zeit und die Bedingungen der Lagerung werden ihre zerstörerische Wirkung mit jedem Jahr stärker ausüben.

Die Zeit drängt also, und alle noch lebenden Zeugen sind dringlichst aufgefordert, nicht mitschuldig zu werden am völligen Untergang dieses internationalen Werkes der Bernsteinkunst, dieses Kleinods der Weltkultur." [2]

Und weiter: "Aber auch all jene, die in Ausübung beruflicher oder gesellschaftlicher Tätigkeit auf Hinweise stoßen, die für die Herausarbeitung von Spuren der weiteren Verschleppung von Bedeutung sein können, sind aufgefordert, ihnen Beachtung zu schenken und diese mitzuteilen." [3]

Diese Offenbarung des Anliegens des Buchs lassen auf jeden Fall einen Schluß zu. Die Stasisuchtruppe war an einen Punkt angekommen, an dem sie mit ihrer typischen Geheimniskrämerei nicht weiter kam. Deshalb trat Enke mit seinem Buch an die Öffentlichkeit. Die Schatzgräber wollten erreichen, daß Personen, die eventuell Hinweise über den Verbleib des Bernsteinzimmers geben konnten, ihre Kenntnisse preisgaben. Allerdings wollte man vermeiden, daß diese Personen erfuhren, daß es der Staatssicherheitsdienst war, dem sie ihre Informationen anvertrauen würden. Ihnen war klar, daß einige der Wissenden dem Staatssicherheitsdienst der DDR nichts sagen würden.

Auf der Suche nach weiteren Zeitzeugen weist Enke auf viele Möglichkeiten des rätselhaften Verschwindens des Bernsteinzimmers hin: Von mysteriösen U–Boot–Transporten und versenkten Schiffen ist da die Rede und von Suchaktionen in Königsberg, wo bereits unmittelbar nach Kriegsende und bis in die 80er Jahre hinein verschüttete Gewölbe freigelegt und Ruinen umgegraben wurden. Staatliche sowjetische Suchkommissionen haben fast 200 Objekte allein im Raum Königsberg unter die Lupe genommen. Aber, wie ja bekannt, ohne Erfolg. Die Situation um Königsberg und das Verschwinden des Bernsteinzimmers war wohl wie folgt:

Im Oktober 1944 stand die Rote Armee an den Grenzen Deutschlands, nur noch rund 100 km vor Königsberg, und an einen Halt des Vormarsches der Truppen Stalins war nicht zu denken. Im gesamten Gebiet von Ostpreußen begannen Evakuierungsmaßnahmen, allerdings nicht offiziell. Für Hitler und seine Vasallen war die Evakuierung der Bevölkerung ein Eingeständnis der Kriegslage; und das durfte eben nicht sein. Es fand also etwas statt, von dem offiziell keine Rede war.

Diese künstlich erzeugte Situation war es auch, die "Bernsteinzimmerfahnder" aller Couleur nach 1945 ihre Suche von unterschiedlichen Standpunkten aus durchführen ließen.

Drei Hauptvarianten des möglichen Verbringens kamen dabei in Frage:

Die erste dieser Versionen verfolgen die Russen, denn sie gehen davon aus, daß das Bernsteinzimmer von den Deutschen im Raum Königsberg planmäßig versteckt oder behelfsmäßig verbracht wurde, sich also noch auf dem Gebiet des ehemaligen Ostpreußen befindet.

Eine weitere Möglichkeit war der Abtransport des Kunstwerkes auf dem Seeweg. Beispiele dafür sind Hinweise des eventuellen Transports mit einem Schiff namens "W. Gustloff". Wobei bisher nicht genau geklärt ist, ob es sich dabei um das Frachtschiff "W. Gustloff" oder ein zur Evakuierung der Bevölkerung eingesetztes Passagierschiff handeln soll, das wenige Seemeilen vor Stettin von russischen Torpedos versenkt wurde.

Drittens bestand noch die Möglichkeit des Abtransports auf dem Landweg. Dieser Variante räumte Enke den Vorrang ein.

Alle Varianten beruhen aber auf der Annahme, daß die Sicherung des Kunstwerkes erst in letzter Minute erfolgte. Also im Januar 1945, obwohl schon Ende August 1944 bei einem Luftangriff der Briten auf Königsberg eine eventuelle Zerstörung möglich gewesen sein könnte.

Die wahrscheinlich unglaublichste Variante, daß die Wandvertäfelung aus Bernstein gar nicht abgebaut und deshalb
von russischen Soldaten bei der Einnahme Königsbergs im
Siegestaumel vernichtet wurde, tauchte Ende der 80er Jahre
auf. Dies scheint allerdings eher eine erfundene Begründung
für das Nichtsuchen nach dem "Achten Weltwunder" zu sein
als eine Erklärung für das mögliche Verschwinden.

Die Vielfalt der Möglichkeiten des geheimnisumwitterten
Weges des Bernsteinzimmers ließ der Phantasie viel Raum.
Auch Raum zur politischen Ausnutzung der ungeklärten Ereignisse im letzten Kriegsjahr um das "Kleinod der Weltkultur".

Der letzte Gralswächter

Wer den Aal hält beim Schwanz,

hat ihn weder halb noch ganz. (Sprichwort)

Nach jahrelangen Ermittlungen war man seitens sowjetischer Behörden zu der Auffassung gekommen, daß sich das Bernsteinzimmer noch auf dem Territorium des früheren Ostpreußen befinden könnte.

Doch gegen ein Versteck des Kunstwerkes im Kurland oder den Masuren sprach nach Enkes Meinung vor allem die Vermutung, daß das Bernsteinzimmer den Hitlerschen Kunsträubern unter Federführung des Ostministers Alfred Rosenberg in die Hände gefallen ist. Er vertrat die Ansicht, daß das Bernsteinzimmer zu Hitlers Beutekunstwerken gehörte und deshalb unter "Führervorbehalt" nach Mitteldeutschland kam.

Doch noch ein Umstand läßt an der Variante 'Ostpreußen' zweifeln:

Dr. Alfred Rohde, Direktor der Königsberger Kunstsammlung und ein anerkannter Bernsteinkenner, hatte noch 1944 eine Reise nach Sachsen und Thüringen unternommen, um mögliche Unterbringungsorte für Kunstwerke zu besichtigen. Er wird später von Überlebenden des Krieges als Kunstnarr beschrieben, dem es vor allem um den Schutz der ihm anvertrauten Objekte ging und von dem seine Kinder und Bekannten erzählten, er wäre kein Anhänger des Nationalsozialismus gewesen. Ihm wurde 1941 die Obhut des in Puschkin abgebauten Schatzes übertragen.

Das Bernsteinzimmer kam in das Königsberger Schloß, in dem extra ein Raum zur Verfügung gestellt wurde, der die Aufstellung der Wandverkleidung aus dem ehemaligen Zarenschloß ermöglichte. Aber dieser Raum reichte nicht aus, um das komplette Kunstwerk aufstellen zu können. Der übriggebliebene Teil der Wandvertäfelung wurde deshalb im

Keller des Schlosses in Kisten aufbewahrt. Nach überlieferten Aussagen soll es sich um Wandspiegel und die dazugehörigen Sockelplatten gehandelt haben.

In der Kunstzeitschrift "Pantheon" schrieb Rohde 1942: "Zurückgekehrt in des Wortes bester und tiefster Bedeutung in seine Heimat, der eigentlichen und einzigen Fundstätte des Bernsteins, bildet nunmehr das Bernsteinzimmer Friedrich I. neben dem Lovis–Corinth–Ehrensaal die bedeutendste Zierde dieser Sammlungen." [4] (Bemerkenswert ist, daß er schrieb: '... das Bernsteinzimmer Friedrichs I.')

Im Sommer '44 war die "bedeutendste Zierde" im Schloß von Königsberg längst nicht mehr sicher. Der Vormarsch der Roten Armee war kaum noch aufzuhalten, und schließlich hatten die Bomber des britischen Generals Harris am 27. und 29. August 1944 die Innenstadt von Königsberg in Schutt und Asche gelegt. Und da sollte der Kunstnarr Dr. Rohde nicht alles daran gesetzt haben, "sein" Bernsteinzimmer vorher in Sicherheit zu bringen? Er wußte doch wohl sehr genau, woher es die Deutschen hatten und was passieren würde, wenn es den Russen wieder in die Hände gelangt wäre. Abgesehen davon, war sicher auch dem Dr. Rohde klar, was mit Königsberg geschieht, wenn die Russen die Stadt einnehmen. Eine Stadt, die später von Hitler zur Festung erklärt und dann auch bis Anfang April 1945 von den Verteidigern gehalten wurde. Genauer bis zum 9./10. April. Ein denkwürdiges Datum übrigens.

Erzählt wird auch, daß schon im Frühjahr 1944, nach einem Brand im Schloß in einer benachbarten Wehrmachtsausstellung, das Bernsteinzimmer gereinigt werden mußte, abgebaut und in Kisten verpackt wurde. Die Kisten wurden im Keller des Schlosses eingelagert, wo sie dann die britischen Bombenangriffe überstanden haben könnten. So jedenfalls lautete eine Version, wiedergegeben von Paul Enke in seinem "Bernsteinzimmer–Report".

Aber hier drängt sich einem die Frage auf: Woher wollte man eigentlich wissen, daß Rohde die Wahrheit gesagt hatte und zum Zeitpunkt der Luftangriffe die Kisten mit dem Bern steinzimmer überhaupt noch im Schloß gestanden haben? Abgesehen von den paar Kisten mit Sockelplatten und Spiegeln, die bekanntlich schon im Kellergang standen, als das Bernsteinzimmer noch aufgebaut war. Sie wurden ja bei dem erwähnten Brand in der benachbarten Ausstellung nicht verschmutzt und mußten deshalb nicht gereinigt oder neu verpackt werden. Mit höchster Wahrscheinlichkeit war das Bernsteinzimmer nicht mehr im Saal des Schlosses aufgestellt, als die Briten die Stadt im August '44 bombardierten.

Wie auch immer, mit dem zweiten Luftangriff begann ein seltsames Spiel um das Bernsteinzimmer, angezettelt durch widersprüchliche Informationen des Dr. Rohde. Dafür stehen die Aussagen von Zeitzeugen, auf die sich auch Enke in seinem Buch bezieht und die in mehreren Dokumenten und Publikationen erwähnt werden.

Da wäre zuerst die Freundin von Rohdes Tochter Lotti, Frau Liesl Amm. Eine Geschichtslehrerin aus Berlin, die ihre Kindheit und Jugend in Königsberg verbracht hatte. Sie fuhr nach der zweiten Bombennacht, also am 30. August 1944, mit dem Fahrrad in die Königsberger Innenstadt, um in Erfahrung zu bringen, wie Verwandte und Bekannte die Angriffe überstanden hatten. Dabei soll sie im Hof des Schlosses Dr. Rohde getroffen haben: "Er sah ganz verstört aus, sein Gesicht war aschfahl. Wir begrüßten uns und meine erste Frage war: 'Was ist mit dem Bernsteinzimmer?' Seine Antwort: 'Alles ist hin!' Er führte mich in mir vorher nicht bekannte Kellergewölbe, und ich sah eine honigähnliche Masse, die von verkohlten Holzstücken durchsetzt war. Später haben wir nie wieder über das Bernsteinzimmer gesprochen."

Diese Story erzählt die Dame auch in zwei Fernsehfilmen, die nach 1987 ausgestrahlt wurden. Seltsam an dieser Zeugin waren mir allerdings ihre Aussagen. Sie traf Dr. Rohde und ihre erste Frage war: 'Was ist mit dem Bernsteinzimmer?' Nicht etwa: 'Wie geht es Lotti? Oder, wie geht es Ihrer Familie, Herr Doktor?'

Nehmen wir einmal an, sie wußte dies schon, dann wäre sie doch sicher auch von ihrer Freundin oder deren Mutter über den Zustand des Bernsteinzimmers informiert gewesen. Oder sollte sich der Rest der Familie Rohde darum etwa nicht gekümmert haben?

Dann die honigartige Masse. Wieviel eigentlich? Wenn es das komplette Bernsteinzimmer war, müßte es doch eine ganze Menge gewesen sein; und diese Menge honigartiger Masse hat niemand weiter zu Gesicht bekommen, auch nicht einer der amtlichen Zeugen. Oder war es nur ein Häufchen? Schwer vorstellbar, daß es das komplette Zimmer gewesen sein sollte.

Es scheint auch physikalisch nicht ganz exakt zu sein, wenn sie verkohltes Holz mit geschmolzenem Bernstein zusammen sah. Bernstein hat eine wesentlich niedrigere thermische Beständigkeit als Holz. Das heißt, es wäre eher verbrannt als Holz verkohlt.

Diese Aussage ist für mich gleich Null, ohne Wert, sie wurde von Frau Amm möglicherweise erfunden.

Dann wiederum wäre sie interessant, denn es stellt sich die Frage: "Warum?" Wer könnte Interesse daran haben, Frau Amm eine solche Antwort in den Mund zu legen? Oder hat sie die ganze Geschichte nur erfunden, um sich wichtig zu machen?

Beinahe das Gegenteil dazu berichtete nämlich der ehemalige Schloßinspektor Friedrich Henkensiefken: Rohde habe ihm, als sie auf dem Schloßhof standen und das ganze Ausmaß der Luftangriffsschäden betrachteten, ganz nebenbei mitgeteilt, daß das Bernsteinzimmer nicht zerstört worden sei.

Daß die Wandvertäfelungen, in Kisten verpackt, die Bombennächte überstanden haben, bezeugte auch Dr. Gerhard Strauß, der damals Kunsthistoriker am Provinzialdenkmalsamt Königsberg war. Er habe von Rohde erfahren, daß das Bernsteinzimmer im Keller des Schlosses erhalten geblieben sei: "Es stand auf dem Hof. Dr. Rohde erwog gerade eine Unterbringung an einem anderen Ort." [5]

Und schließlich machte Rohde die Verwirrung noch komplett, denn am 2. September 1944 schrieb er in einem Brief:

"Der Einfachheit halber bitte ich Sie, Herrn Direktor Dr. Gall mitzuteilen, daß das Bernsteinzimmer bis auf sechs Sockelelemente unversehrt geblieben ist." [6] Dr. Gall war der Direktor der Verwaltung der Staatlichen Schlösser und Gärten Preußens, Rohdes Vorgesetzter.

Enke folgert nun, es seien die Kisten mit den übrigen Sockelelementen gewesen, die Liesl Amm von der Hitze zerstört im Keller gesehen haben will. Aber warum nur sie? Warum nicht auch Herr Henkensiefken? Und wieso nicht die Tochter von Rohde, die auch Aussagen zum seltsamen Verschwinden des Bernsteinzimmers machte, oder Dr. Strauß?

Und noch eine Frage beantwortet Enke nicht: Was sollte Rohdes theatralisches "Alles hin!"? Wollte Rohde der Öffentlichkeit weismachen, das Bernsteinzimmer existiere nicht mehr?

Daß Rohde aus irgendeinem Grund mehrere Wahrheiten verbreitete, vermutet auch Günter Wermusch, Enkes ehemaliger Lektor im Verlag "Die Wirtschaft". Wermusch hatte 1991 selbst ein Buch herausgebracht: "Die Bernsteinzimmer–Saga", die im wesentlichen Enkes Spuren noch einmal aufbereitet.

Ob das Bernsteinzimmer nun die Bombennächte im Schloßkeller Königsberg oder woanders überstanden hat, wurde nicht geklärt. Rätselhaft bleibt weiter, warum Rohde die Frager mit widersprüchlichen Angaben in die Irre führte.

Völlig unglaublich scheint die noch eingeräumte Möglichkeit, daß mit dem Verpacken der goldgelben Wandvertäfelung erst Anfang Januar 1945 begonnen wurde. Acht bis zehn Personen sollen sie in 25 bis 30 große Kisten untergebracht haben. Zeuge dafür sei Dr. Strauß. Er habe Kisten im Schloßhof stehen sehen. Rohde habe ihm gesagt, daß sie das Bernsteinzimmer enthalten. Wann es aber verpackt wurde, geht nicht daraus hervor. Vielleicht war in diesen Kisten auch gar nicht mehr das Zimmer, oder Strauß hatte sich im Datum geirrt?

Es gibt da noch die Aussage der Witwe des Feuerwehroffiziers Stolzke, die beinhaltet: Ihr Mann habe im Juni 1944 das

Bernsteinzimmer in die Ordensburg Lochstädt begleitet. Wermusch schlußfolgert daraus: "... daß niemand das Bernsteinzimmer mehr gesehen hat, nachdem es im Juni oder Juli 1944 nach Burg Lochstädt abgegangen ist." [7]

Diese Schlußfolgerung ist meiner Auffassung nach gar nicht so verkehrt, denn was nach dem Brand in der Wehrmachtsausstellung von Zeugen gesehen bzw. gehört wurde, beruht immer auf den von Rohde getroffenen Aussagen. Richtig in Augenschein genommen hat es keiner der Zeugen mehr. Also beginnt das eigentliche Rätsel um das Verschwinden des Bernsteinzimmers im Frühjahr 1944, schon einige Monate vor dem Luftangriff der Briten auf Königsberg.

Noch einige Worte zu diesem Angriff, der auch so manche Eigentümlichkeit aufweist: Die Russen hatten erste Luftangriffe auf Königsberg im Frühjahr 1943 geflogen. Dann hielten sie sich erstaunlicherweise bis Januar '45 zurück. Dieser Taktik entgegen sprachen aber die Angriffe der Briten am 26./27. und 29./30. August 1944.

Den ersten Angriff starteten sie mit 200 Flugzeugen nur auf ein begrenztes Gebiet zwischen der Cranzer Allee und der Herzog–Albrecht–Allee. Ein Gebiet, in dem sich neben vielen Wohngebäuden nur einige militärische Verwaltungseinrichtungen, Kasernen und Militärdepots befanden.

Den zweiten Angriff richteten die Briten dann mit 660 Bombern ausschließlich auf die Innenstadt von Königsberg. Der Angriffsraum wurde sogar durch Leuchtraketen genau abgesteckt. Ein reiner Terrorangriff also auf die Altstadt mit Schloß und Universität. Man erprobte dabei auch völlig neue Brandstrahlbomben.

Wollte man den Russen klarmachen, welche Macht die britische Luftwaffe besitzt, oder welchen Sinn sollten diese Luftangriffe haben? Nur Zerstörung um der Zerstörung willen? Auch der berüchtigte und scheinbar sinnlose Angriff auf Dresden im Februar '45 war politisch und nicht militärisch motiviert. Aber eben nicht grundlos.

Hatte Rohde die Zerstörung des Königsberger Schlosses

genutzt, um das eigentliche Verschwinden des Bernsteinzimmers zu vertuschen? Oder hatte er gar die Weisung gehabt, diesen Angriff zum Verwirrspiel zu nutzen? Wenn ja, von wem? So eine Weisung konnte Rohde doch nur von einer Person bekommen haben, die nicht zu seinen zivilen Vorgesetzten gehörte, sonst hätte sein Verwirrspiel denen gegenüber wenig Sinn gehabt.

Wenn es so ist, dann muß dieser Jemand von diesem Luftangriff schon vorher gewußt haben, denn die Zeit für eine Absprache zur Nutzung dieser Gelegenheit nach einem Angriff war kaum gegeben, und allein hätte sich ein Dr. Rohde so etwas kaum ausgedacht.

Aber wer dann? Dann wiederum könnte es auch sein, daß schon der Brand in der Wehrmachtsausstellung ein unbemerktes Verschwinden ermöglichen sollte. Wann verliert sich also die Spur tatsächlich?

Dr. Strauß gab noch an, Rohde habe Anfang Januar 1945 noch keinen Ort für die Verlagerung nennen können. Jedoch erwartete er eine dementsprechende Weisung. Sie soll dann aber doch wenig später eingetroffen sein. Bei wem und von wem?

Die Möglichkeit, daß zu diesem Zeitpunkt ein bestimmter Ort zur endgültigen Unterbringung noch nicht festgestanden hatte, beweist jedoch nicht, daß das Kunstwerk noch in Königsberg war.

Der ehemalige Königsberger Kunsthistoriker Dr. Strauß schrieb zum Beispiel in einem Bericht, den er 1949 der späteren DDR−Regierung gab, daß nach seinem Wissen das Bernsteinzimmer in der Burg Lochstädt eingelagert wurde. [8]

Diesen Bericht verfaßte er, nachdem er den Russen bei der Suche nach dem Kunstwerk im neubenannten Kaliningrad geholfen hatte.

Rohdes Tochter Lotti behauptete dagegen, daß das Bernsteinzimmer Mitte Januar 1945 zum Königsberger Hauptbahnhof gebracht wurde, weil es abtransportiert werden sollte: "Doch konnte der Transport nicht mehr durchgeführt werden, da der Zugverkehr bereits unterbrochen war". Zumindest habe sie so etwas gehört.[9]

Bis zum Vorstoß der Russen auf Elbing am 23. Januar gingen aber Züge aus Königsberg ab. Ein Transport per Bahn war demzufolge noch möglich. Fräulein Rohde hat sich also geirrt. Entweder im Datum oder in dem, was sie gehört hatte.

So ein Transport hätte auch per Achse Königsberg verlassen können, um dann weiter westlich auf Waggons der Bahn verladen zu werden. So hat es der Generalleutnant Oskar von Hindenburg insbesondere mit russischen Kriegsgefangenen gemacht und am 22. Januar mit den Sarkophagen seiner Eltern, dem Feldmarschall i.R. von Hindenburg und dessen Frau. Er ließ diese Särge mit einem Kriegsschiff vom Hafen Pillau aus nach Westen transportieren. Den Transport hat übrigens der Generalleutnant persönlich begleitet. Den Beweis dafür findet man unter anderem auch in dem Buch des letzten Kommandanten der Festung Königsberg, General Otto Lasch: "So fiel Königsberg".

Darin beschreibt der deutsche General aus eigenem Erleben und militärischer Sicht die Tage vom Herbst 1944 bis zu Kapitulation am 10. April 1945.

In dem Buch von Wermusch ist noch die Rede von den Särgen der Preußenkönige Friedrich I. und II., die gemeinsam mit den Sarkophagen der Hindenburgs in einem ehemaligen Kalischacht im Harz eingelagert worden waren. Wermusch bezieht sich dabei auf die Aussage eines Mannes, der bei der Einlagerung im Schacht Bernterode in Mitteldeutschland dabei gewesen sein soll. Den Transport soll ein Major Horst Norbert Piltz im Auftrag des Chefs des Allgemeinen Heeresamtes General Friedrich Olbricht geleitet haben. Der soll diesen Transport schon im Frühjahr 1944 befohlen haben. Olbricht wurde am 20.7.1944 umgebracht. Getötet von Hitleranhängern im Zuge des Attentats des Grafen Stauffenberg.

Mit zum Transport sollen auch Kisten des "Oberpräsidenten von Ostpreußen" (des Gauleiters Koch) gehört haben. Und dieser Transport sollte nach Bad Berka ins Thüringische.

Der Kommandant von Königsberg, General Lasch, spricht jedoch davon, daß die Särge auf seinen Befehl hin vom Sohn der Toten, Generalleutnant Hindenburg, persönlich begleitet wurden. Keine Rede von Kunstgütern oder den Särgen Friedrich I. und II.

Das Ganze geschah aber erst nach dem 20. Januar 1945. Ein anderer Transport also?

Tatsache ist, daß im April 1945 von amerikanischen Offizieren wirklich festgelegt wurde, daß die in dem Schacht eingelagerten Sarkophage, die der Hindenburgs und die der beiden Friedrichs (die einen aus Ostpreußen, die anderen aus Potsdam), gemeinsam mit Akten des Auswärtigen Amtes nach Marburg transportiert wurden. Die Unterlagen hatten seit 1943 in der Burg Falkenstein und dem Schloß Meisdorf gelegen.

Verantwortlich dafür war ein gewisser Captain Richy, der den Ort der Unterbringung vom jüngeren Bruder des Besitzers der Burg Falkenstein, dem Grafen Rothkirch von der Asseburg, vorgeschlagen bekam. Von einem Bernsteinzimmer allerdings war dabei keine Rede.[10]

Es bleibt also die Schlußfolgerung, daß es demzufolge noch im Januar '45 genügend Möglichkeiten gab, gewisse Transporte zu realisieren. Auch aus Königsberg direkt, wenn das Bernsteinzimmer überhaupt noch in der Stadt war.

Hat hier die Tochter Dr. Rohdes Worte ihres Vaters wiedergegeben, die er beim Abendessen nebenbei von sich gab? Das wäre ein weiteres Steinchen in seinem Verwirrspiel. Bemerkenswert ist auch, daß General Lasch in seinem Bericht auf viele Details eingeht, auch auf Nebensächlichkeiten, aber das Problem Bernsteinzimmer dabei nicht erwähnt. Wurde er damit nicht konfrontiert? Das würde auch dafür sprechen, daß das Bernsteinzimmer nicht mehr in Königsberg war.

Oder hat sich etwas abgespielt, worüber er nicht reden durfte, denn warum sollte er sonst nicht wollen? Über den Transport der Hindenburgsärge schreibt er ja auch. Beschreibt sogar, wem er wann den Befehl dazu übermittelt hat.

Das läßt aber auch den Schluß zu, daß er seit Übernahme der Kommandogewalt in Königsberg nichts mit dem Bernsteinzimmer zu tun hatte. Und nach Königsberg kam er im Oktober '44 – auf persönlichen Befehl Hitlers. An einen Hitlerbefehl, das Bernsteinzimmer betreffend, hätte sich der letzte Kommandant von Königsberg bestimmt erinnert, auch wenn dieser Befehl, wie Enke vermutet, später gegeben wurde. Sozusagen nachträglich.

Nein, diesen Befehl hat es wahrscheinlich nie gegeben!

Wer hat sich dann um das Bernsteinzimmer gekümmert? Jemand aus der Nazizentrale Berlin? Der ostpreußische Gauleiter Koch persönlich? Dazu hätte auch er die Unterstützung des militärischen Chefs gebraucht, und General Lasch wäre demzufolge darüber informiert gewesen.

Besondere Sympathien schien Lasch für Koch nicht gehabt zu haben, das läßt sich aus seinem Buch schließen. Was er über die Machenschaften des Gauleiters erfahren hat, das hat er in seinem Buch ausgeplaudert. Zumindest erwecken seine Erinnerungen diesen Eindruck. Über das Bernsteinzimmer verliert er aber kein Wort.

Warum kümmert sich der letzte Festungskommandant von Königsberg um den Abtransport von zwei Sarkophagen, und das "Achte Weltwunder" interessiert ihn nicht?

Warum transportiert man zum Beispiel einen Brunnen aus Ostpreußen nach Nürnberg, und das Bernsteinkabinett Friedrich I. läßt man im Schloß ungeschützt verbrennen? Völlig unlogisch. Dafür kann es nur eine Erklärung geben: Das Kunstwerk war bereits in Sicherheit.

Dr. Rohde jedenfalls blieb mit seiner Frau in der Stadt, obwohl die Rote Armee Ende Januar bereits auf Königsberg vorstieß und jeder, der die Möglichkeit hatte, aus der zur Festung erklärten ostpreußischen Metropole floh.

Enke fand für diese Tatsache eine Erklärung: Rohde, damals 53 Jahre alt, habe dem letzten Aufgebot der Nazis, dem "Volkssturm" angehört, der alle Männer von 16 bis 60 erfaßte. Doch mußte deshalb auch Rohdes Frau in der umkämpften ostpreußischen Stadt verbleiben? Ihre Kinder hatten ja offensichtlich Königsberg verlassen.

Rohde soll an der Parkinsonschen Krankheit gelitten haben. Ein kranker Mann, der am Stock ging. Warum also bleiben Dr. Rohde plus Frau in Königsberg und lieferten sich damit einem ungewissen Schicksal aus? Wenn sie blieb, weil sie ihrem kranken Mann helfen mußte, konnte dieser also schwerlich Volkssturmmann gewesen sein. Warum also haben Dr. Rohde und seine Frau Königsberg nicht verlassen?

Den russischen Frontsoldaten, die am 10. April 1945 Königsberg einnahmen, folgten Anfang Mai Kunstexperten. Diese von Stalin eingesetzte sogenannte "Trophäen–Kommission" war mit der Sicherstellung von Kunstgütern in den besetzten Gebieten beauftragt. Ähnlich wie die Nazis fragten sie wohl auch sehr selten nach dem rechtmäßigen Eigentümer. Doch in Königsberg wurden sie enttäuscht. Die Deutschen hatten nichts von Wert zurückgelassen.

Unter diesen Umständen sollte ausgerechnet das Bernsteinzimmer im Schloß zurückgeblieben sein, der Zerstörung preisgegeben wie man es noch 1994 in mehreren Presseartikeln lesen konnte? Möglicherweise sogar erst von russischen Soldaten im Siegestaumel verbrannt? Der Chef der sowjetischen Kunstfahndertruppe in Königsberg, Prof. Brjussow, den Enke in seinem Buch auch Barsow nennt, erinnerte sich, daß Rohde damals bereitwillig mit ihm zusammenarbeitete.

"Das Bernsteinzimmer hätte er mit keinem Wort gegenüber den Russen erwähnt", schreibt Enke in seinem Report.[11]

Wußten die Russen damals also gar nicht, daß das Bernsteinzimmer in Königsberg war? Alles kann man den Russen vorwerfen, aber wohl kaum eine so schlechte Aufklärung des Feindes.

Eines Nachts, im Dezember 1945, wird Rohde in seinem Arbeitszimmer im Haberturm des Schlosses überrascht, als er Papiere verbrennt. Museumsakten.

In einer Sonderausgabe der "Berliner Zeitung" von 1974, die sich auf die Ereignisse im Nachkriegskönigsberg bezieht, steht: "Ein kurzes Verhör des völlig Verstörten über den Zweck seiner Tätigkeit bleibt erfolglos. Auf die Androhung einer fünftägigen Arreststrafe in der Hauptwache der Garnison antwortete er mit den Worten 'sehr gut, sehr gut'. Im Widerspruch dazu verläßt Dr. Rohde niedergeschlagen und nachdenklich das Schloß. Doch am nächsten Tag nimmt er die Arbeit wieder auf, da Prof. Brjussow seine Arreststrafe wieder rückgängig machte. Dr. Rohde bemüht sich zwei Tage lang, mit dem sowjetischen Wissenschaftler in Kontakt zu kommen. Doch der ist empört über Rohdes Vertrauensbruch und will ihn ein paar Tage warten lassen. Zwei Tage später findet er in der Post auf seinem Schreibtisch die Nachricht, daß Rohde und seine Frau verstorben sind." [12]

Erst bei der Untersuchung der von Rohde aufbewahrten Papiere soll dieser Kunstprofessor erfahren haben, daß das Bernsteinzimmer in Königsberg war. So jedenfalls schreibt es Günter Wermusch, der sich im vereinten Deutschland zu einem "Experten" in Sachen Bernsteinzimmer profiliert hat.

Wohlan, man spricht hier vom Dezember 1945! Acht Monate, nachdem Königsberg von der Roten Armee besetzt wurde. Wie dumm muß sich dieser Brjussow auf seiner befohlenen Suche nach Kunstschätzen angestellt haben, wenn er so lange brauchte, um zu erfahren, daß sich das Bernsteinzimmer seit 1942 im Schloß der ostpreußischen Hauptstadt befunden hatte?

Und welch seltsame Papiere muß Dr. Rohde noch in seinem Arbeitszimmer gehabt haben, die er zu so einem späten Zeitpunkt auf einmal dem Zugriff der Russen entziehen wollte und die er mit dem Risiko des Entdecktwerdens so lange aufbewahrt hatte? Auf was kann bis zu diesem Zeitpunkt der in Königsberg verbliebene Deutsche noch gewartet haben?

Als seine Todesursache wurde Typhus angegeben. Nachbarn sagen allerdings aus, am Vortag sei das Ehepaar noch gesund und munter gewesen. Wermusch wiederum behauptet, daß Rohde ungefähr am 7. Dezember und seine Frau ca. drei Wochen später an Typhus starben.

Der russische Publizist Krolewski, der später die erste Kaliningrader Kommission für die Suche nach dem Bernsteinzimmer übernahm, geht sogar davon aus, daß die Rohdes ermordet wurden. Wer hätte für eine solche Tat ein Motiv? Oder war es einer dieser seltsamen "Selbstmorde", die uns in dieser Geschichte noch öfter begegnen werden?

Rohde, wir erinnern uns, wartete auf eine Anweisung zur Evakuierung des Bernsteinzimmers. Er wußte also zumindest, wer hinter der Verbringung dieses Kunstwerkes stand. Wußte er vielleicht auch, welchem Zweck es dienen sollte?

Oder ist es doch nur Kunsträubern in die Hände gefallen, die sich mit diesem einmaligen Kleinod bereichern und eventuell damit protzen wollten?

Das Bernsteinkabinett ist dafür eigentlich etwas ungeeignet, denn kaum ein Sammler könnte jemals etwas damit anfangen. Zum heimlichen Aufstellen etwas zu groß und zum Verkauf zu bekannt. Das heißt, jeder wüßte, wem es gehören würde.

Als Siegestrophäe der Deutschen kam es zum Zeitpunkt des Verschwindens kaum noch in Frage. Das gilt garantiert auch für das geplante Führermuseum in Linz, wohin es nach Enkes Auffassung sollte. Wenn es wirklich erst im Januar 1945 weggebracht wurde, war die Wahrscheinlichkeit eines Transports in dieses "Siegesmuseum" gleich null.

Einem anderen Gedanken hat Enke auch Platz eingeräumt: 'Das Bernsteinzimmer als Unterpfand für Friedensverhandlungen mit den Siegermächten'. Nach dem Motto: Hitlers Leben gegen das Bernsteinzimmer oder 'Tausche Deutschland gegen geklautes Preußenkunstwerk'. Er berief sich dabei auf eine angebliche Notiz des Ostministers Reichsleiter Alfred Rosenberg, die von der Hamburger Wochenzeitung "Die Zeit" in einem Dokument vom März 1945 gefunden worden sein soll.[13] Danach galt das Bernsteinzimmer als wichtigster Faustpfand, um Zugeständnisse für eine deutsche Nachkriegsregierung zu erpressen. Ein sogenannter "Schickedanzplan". Hitlers Idee? Wohl kaum, wer wäre mit einem Bernsteinzimmer noch erpreßbar – im Frühjahr 1945? Stalin? Ein Witz, der sicher erst nach dessen Tod entstanden ist. Oder wurde die Idee eher geboren? Oder gar erst einige Jahre später, denn so eine Notiz könnte auch getürkt sein. Aber wann, von wem und warum?

Eine beliebte Methode geheimdienstlicher Fehlinformation ist zum Beispiel, die Wahrheit über bestimmte Ergebnisse jemanden sagen zu lassen, von dem alle anderen wissen, daß dies aus dessen Mund unlogisch ist und deshalb nicht stimmen kann. Folglich wird diese Geschichte unglaubwürdig. Hat die Methode in diesem Fall auch Anwendung gefunden? Wollte wirklich jemand jemanden mit dem Bernsteinzimmer beeinflussen?

Wenn, von wem auch immer inszeniert, diese Theorie stimmt, auch wenn keine Belege für Aktionen zu finden sind, beweist das nur, daß sie höchst geheim gewesen sein muß und mit Hitler nichts zu tun hatte.

Und unter diesen Umständen schreibt Rosenberg, ein erfahrener Offizier und deutscher Beamter, Aktennotizen auf solche Dokumente? Das hätte er nie gemacht, schon aus Angst, selbst in so ein Komplott verstrickt zu werden.

Warum also Rohdes Tod?

War er ein gefährlicher Mitwisser geworden? Gefährlich für wen? Hat er verwirrende Auskünfte gegeben, weil er den Auftrag hatte, die Spuren des Bernsteinzimmers zu verwischen? Ist er deshalb in Königsberg geblieben? Oder verblieb er im besetzten Gebiet, weil hier sein Schicksal ungewiß, in Deutschland aber "gewiß" war? Hatte Rohde vielleicht derart Angst um sein Leben, daß ihm das russisch besetzte Königsberg sicherer erschien, vor allem auch für seine Frau?

Fragen, die eine Schlußfolgerung nach sich ziehen: Rohdes Tod könnte auf die Beseitigung eines Mitwissers hindeuten. Möglicherweise mußte man sich von ihm trennen, weil irgendeine Aktion ihr Ziel nicht erreicht hatte und er Mitwisser eines Vorhabens war, das bei weitem bedeutender als nur "Kunstraub" gewesen sein muß.

Warum dann aber die Beseitigung Rohdes erst im Dezember 1945? Die Macht der Naziherren war bereits im Sommer zu Ende.

Sein Tod nur um des Schweigens willen, wäre in den Tagen der Schlacht um Königsberg doch wesentlich einfacher und vor allem unauffälliger gewesen.

Als logischer Schluß würde nur bleiben: Rohde hatte den Auftrag, Königsberg nicht zu verlassen. Er spielte eine Rolle in einem Vorhaben, das nicht zu Ende geführt werden konnte, aber einflußreiche Personen, wenn es 1945 oder später an die Öffentlichkeit käme, kompromittieren würde.

Die Akteure in diesem Vorhaben waren nicht nur deutsche Nazis, aber es müssen Personen gewesen sein, die im Umfeld der deutschen Führung agierten, prominent waren und trotzdem nicht zu den zu verurteilenden Nazigrößen zählten. Jedenfalls einige von ihnen.

Deshalb wurde der im Herbst 1945 auf russisch besetztem Gebiet noch lebende Deutsche zu einem Mitwisser, dessen Wissen den Russen nicht bekannt werden durfte. Den endgültigen Verbringungsort des Bernsteinzimmers kannte aber auch er nicht.

Steins Suche

Wo ist dein Bruder Abel?

(1. Mos. 4.9)

Gehen wir in das Jahr 1987. Es ist das Todesjahr von Georg Stein, gebürtiger Königsberger, Landwirt und Privatforscher aus Stelle bei Hamburg.

Stein war jahrzehntelang auf der Suche nach dem Bernsteinzimmer. Sie führte ihn 1971 zum geraubten Klosterschatz von Pskow–Petschura im Magazin des Ikonen–Museums Recklinghausen und später in die Schachtanlage Wittekind im niedersächsischen Volpriehausen. Dort hatte sich seit 1938 eine Heeresmunitionsanstalt befunden. In diesem Schacht waren kurz vor Kriegsende auch die 360.000 Bände der Königsberger Universitätsbibliothek eingelagert worden.

Zeugen berichten außerdem von großen Kisten, die in Güterwaggons angekommen seien. In ihnen vermutet Stein das Bernsteinzimmer. Doch die Schachtanlage wurde im September 1945 durch mehrere Explosionen verschüttet und dann mit Beton verplombt.

Steins Versuche, sie wieder öffnen zu lassen, scheiterten an den Kosten für das Projekt. Auch nach zwei parlamentarischen Anfragen im Bundestag waren die Behörden nicht bereit, dem Geheimnis von Wittekind auf den Grund zu gehen.

Wie Wermusch in seiner "Bernsteinzimmer–Saga" berichtet, war Stein seit '85 auf den Spuren eines sogenannten Rühle–Transports. Er sollte unter der Leitung des Direktors des Posener Kaiser–Friedrich–Museums, Dr. Siegfried Rühle, und eines Majors der Wehrmacht in eine gut belüftete Salzmine gehen. Auch dieser Transport soll Kisten mit der Aufschrift "Königsberg" enthalten haben.

Der polnische Kraftfahrer Alfons Kairis gab an, für den Rühle–Zug den Domschatz von Gnesen aus einem Depot geholt zu haben. Er erinnert sich außerdem, daß von einer bedeutenden Bernsteinarbeit die Rede war. Und der Domschatz wurde nach Kriegsende tatsächlich in einer Salzmine gefunden, in Gralsleben bei Helmstedt. Das Depot wurde von Geheimdienstlern der US–Army entdeckt.

Laut Enke folgerte Stein deshalb, das Bernsteinzimmer sei in Amerika. Auch er habe sich kurzzeitig dieser Version angeschlossen. Doch warum ruft Stein dann im Juni 1987 Enke an, und bittet um ein Visum für einen erneuten DDR–Besuch? Hat er neue Erkenntnisse, die er Enke persönlich mitteilen mußte, weil die Spur auf das Territorium der DDR führte?

Stein erzählte Enke auch, er sei einem Mordanschlag nur knapp entgangen. Wenn man behauptet, einem Mordanschlag entgangen zu sein, weiß man meist auch, wem man dieses Vorhaben zuordnen kann.

Und was war das für eine seltsame Pressekonferenz, die angeblich in der Schweiz stattfinden sollte, vorbereitet auf Grund 'neuester Erkenntnisse' von einem Baron Falz–Fein zu Liechtenstein, und zu der merkwürdigerweise niemand erschienen sei? Wermusch jedenfalls erwähnt sie in seiner "Bernsteinzimmer–Saga".

Zu dem gewünschten Treffen in Ost–Berlin kam es nicht mehr. Stein mußte in ein Krankenhaus am Starnberger See. Dem Anliegen, in die DDR zu reisen, wurde angeblich auch nicht entsprochen. Seinem Förderer, dem aus ukrainisch–deutschem Adel stammenden Baron Eduard von Falz–Fein, einem Senior der Bernsteinzimmer–Forschung, soll er noch von neuen Spuren aus dem Reichssicherheitshauptamt geschrieben haben. Hatte er tatsächlich Hinweise auf das Versteck des Bernsteinzimmers gefunden, oder welche Hinweise sind ihm in die Hände gelangt? Vielleicht ein Hinweis, der den Kontakt mit den Bernsteinzimmersuchern im Osten notwendig machte?

Welche Brisanz so etwas haben konnte, wird klar, wenn man bedenkt, daß zu diesem Zeitpunkt der 'kalte Krieg' noch voll im Gange war und die Zeichen friedlicher Beilegung des europäischen Konflikts noch sehr kleine Keime trugen. Brisant aber nur dann, wenn der seltsame Kunstraub eben kein solcher war. Das Auffinden eines in Hitlers Auftrag verbrachten Kunstwerkes wie des Bernsteinzimmers wäre zwar eine Sensation, aber politisch kaum bedeutsam, denn immerhin wurde nach dem Ende des Weltkrieges an mehreren Orten von den Nazis geraubte Kunst aus Osteuropa gefunden. Nichts Neues also. Was macht dieses eine Kunstwerk mehr oder weniger demnach so wichtig?

Der schon erwähnte Baron Falz–Fein gründete 1970 sogar einen lockeren Bernsteinzimmer–Club, dem Kriminalschriftsteller wie Simenon und Semjonow, britische Journalisten und Geheimdienstler angehörten.

Die Familie von Falz–Fein war übrigens bis 1917 eine der größten Grundbesitzer des russischen Reiches, konkret der Ukraine. Der Baron selbst galt als Kunstexperte. Mehrmals ersteigerte er bei Auktionen im Westen aus Rußland geraubte Kunstschätze und gab sie an seine Heimat zurück. Genauer gesagt, gab er sie den zu der Zeit regierenden Kommunisten zurück, deren Vorgänger seine Familie 1917 enteignet und somit heimatlos gemacht hatten. Ein sehr loyales Verhalten für einen von Bolschewisten Vertriebenen.

Der Baron hatte auch jahrelang Georg Stein bei seiner Bernsteinzimmersuche gefördert. Aber welche Spur verfolgte dieser zuletzt nun wirklich? Am 20. August 1987 fanden Spaziergänger in einem Wald in Bayern eine nackte, schrecklich zugerichtete Leiche. Neben dem Toten lagen Messer und Skalpell. Es war Georg Stein. Selbstmord, sagten die Untersuchenden.

Die Spur ins Sächsische

Nicht jeder ist ein Lohengrin, dem etwas schwant.

(Sprichwort)

Wenige Wochen nach dem mysteriösen Tod des Georg Stein verstarb auch Enke. Er hatte ein krankes Herz, so daß für seinen plötzlichen Tod auf offener Straße eine schnelle Erklärung vorhanden war.

Die Suche des ostdeutschen Bernsteinzimmerfahnders Dr. Paul Enke hatte sich im Jahr 1987 auf den Raum Aue/Schlema im Westerzgebirge konzentriert. Durch seine Recherchen wurden anfängliche Hinweise auf dieses Gebiet verdichtet. Mit staatlicher Unterstützung war es für ihn ein leichtes, seine Ermittlungen beim geringsten Anzeichen einer Spur auszuweiten. Für Grabungen an der Zeche "Weiße Erde" bei Aue zum Beispiel hatten die 'bewaffneten Organe' sogar Pioniertruppen der Armee aufgeboten. Allein für Arbeiten an diesem Objekt sollen mehr als zwei Millionen DDR–Mark geflossen sein. Zu gern hätte Stasi–Chef Mielke seinen sowjetischen Freunden das Bernsteinzimmer serviert. Doch daraus wurde nichts.

Im Erzgebirge hatte Enke noch den "Osterlammstollen" bei Schlema im Visier. Ein Bergwerk im Klosterberg zwischen Niederschlema und Aue. Und schließlich hatte ihn seine Arbeit in diese Gegend geführt, wenn auch über den Umweg durch Thüringen: In Weimar nämlich stieß Enke auf ein "Verzeichnis der vom Gauleiter Koch, Königsberg, am 9. Februar 1945 als Museumsgut im Landesmuseum eingestellten Museumsgegenstände". Vielleicht nicht zu Unrecht vermutete Enke, daß die Kochsche Kunstsammlung und das Bernsteinzimmer gemeinsam verlagert wurden.

Erich Koch, einstiger Gauleiter von Ostpreußen sowie Reichskommissar der Ukraine, hatte vor allem aus Kirchen, Museen und Schlössern der Ukraine eine beachtliche Sammlung zusammengestohlen. Sie umfaßte Gemälde, Gobelins, Silber und Kirchenreliquien. Koch bezeichnete das Raubgut stets als seine "private Sammlung" – darin unterschied er sich nicht im geringsten von anderen Nazi–Größen.

Nach dem Krieg versuchte Koch seinen Raub zur Rettung seines Lebens einzusetzen. Er selber war zunächst untergetaucht, wurde aber 1949 in Norddeutschland von den Briten gefaßt und den Polen übergeben. Die stellten ihn als Kriegsverbrecher vor Gericht und verurteilten ihn 1958 zum Tode. Koch wurde aber nicht hingerichtet. Bis 1986 lebte er im Gefängnis von Barczewo. Dort hatte man ihn auch mehrfach zum Bernsteinzimmer befragt. Zunächst bestritt er jede Kenntnis darüber und erklärte, er habe bei Kriegsende anderes zu tun gehabt, als sich um ein paar Kisten zu kümmern. Später spekulierte er dann mit dem für ihn lebensverlängernden Interesse an diesem verschollenen Kunstobjekt. Er nannte Orte in Ostpreußen, wo seiner Meinung nach die Kunstschätze verborgen waren. Ausgrabungen blieben allerdings erfolglos. Und dann soll er noch diesen Satz von sich gegeben haben: "Wenn ihr meine Kunstsammlung findet, findet ihr auch das Bernsteinzimmer." Wohin beides abtransportiert wurde, wollte ihm jedoch nicht einfallen.

Enke schloß nicht allein daraus, daß das Bernsteinzimmer gemeinsam mit der Kochschen Sammlung nach Mitteldeutschland transportiert wurde. In einer vom damaligen Weimarer Museumsdirektor Dr. Walter Scheidig überlieferten Aufstellung von Kunstgütern des ostpreußischen Gauleiters Koch, die in seinem Museum eingelagert wurden, war von auffallend vielen silbernen Kerzenleuchtern bzw. –armen die Rede, viele davon mit Bernsteinzimmerbesatz. Enke erinnerte sich an die Beschreibung des Bernsteinsaales von Zarskoje Selo und vor allem daran: "... daß sein ganz besonderer Reiz durch das Licht zustande kam, welches von zahlreichen Kerzen ausgestrahlt und von riesigen Spiegeln zurückgeworfen wurde, worauf es sich in den Bernsteinfeldern brach und zugleich golden reflektierte".[14]

Er verglich die Inventarliste aus dem Weimarer Landesmuseum mit den historischen Fotos vom Bernsteinzimmer und stellte fest, daß die Zahl der aufgeführten Leuchterarme ziemlich exakt mit der Zahl der Kerzenleuchter im Bernsteinzimmer übereinstimmte. Das war für ihn die Bestätigung, daß das Bernsteinzimmer denselben Weg wie die Kochsche Sammlung genommen hatte, die, wie er herausfand, zwischen dem 18. und dem 30. Januar 1945 nach Deutschland transportiert wurde. Doch alles, was später in Weimar den Sowjets übergeben werden konnte, war nur noch ein Drittel dieser Sammlung. Der größte Teil war am 9. und 10. April 1945 wieder abgeholt worden. Nach Aussagen des Museumsdirektors von demselben Mann, der das Kunstgut dort übergeben hatte – von einem Mann namens A. Popp. Nach Scheidigs Worten der Verwalter des Gauleiters Koch. Er sei beim Antransport am 9. Februar 1945 mit LKWs in Weimar eingetroffen und wollte deren Inhalt offensichtlich so schnell wie möglich loswerden. Eine detaillierte Übergabe lehnte er ab. Statt dessen begnügte er sich mit einer handschriftlichen Quittung, auf der Zahl und Art der verpackten Stücke, aber nicht deren Inhalt festgehalten waren. Die Kisten wurden als 'Museumsgut aus Königsberg' bezeichnet.

Ein Zeuge beobachtete auch, daß nicht alle LKWs entladen wurden. Ein großer Möbelwagen blieb abseits stehen. Enke vermutet nun, daß dieser Möbelwagen einen Teil des Bernsteinzimmers enthielt, der an einem anderen Ort untergebracht wurde, denn es gab noch eine weitere Spur des Bernsteinzimmers. Und diese führte in das Schloß Reinhardsbrunn bei Gotha. Das gehörte dem Herzog Carl–Eduard von Sachsen–Coburg–Gotha. Der Herzog galt als Kunstliebhaber, er war Aktionär bei Konzernen und Banken, Besitzer mehrerer Kraftwerke und einer der frühesten Förderer der Nazibewegung, was aber bekanntlich nicht heißen muß, daß er es noch in den letzten Kriegsjahren war. (Er wäre nicht der einzige, der durch Erfahrungen eine andere politische Auffassung bekommen hat.) Die Prinzen der Hohenzollernfamilie haben sich in dieser Richtung genauso

hervorgetan. Interessant an diesem Adligen ist aber vor allem, daß er Präsident des Deutschen Roten Kreuzes war.

In dessen Jagdschloß also entdeckt Enke eine Aktennotiz,
aus der hervorgeht, daß hier kurz vor Kriegsende Kisten aus
Königsberg eingelagert waren. Zwei Personen erinnern sich
daran: Die damalige Pförtnersfrau weiß noch, daß die Kisten
im Durchgang unter dem Ahnensaal des Schlosses gestanden haben. Und – Bernsteinarbeiten seien darin gewesen.
Sie meint, die Kisten hätten nicht lange dort gestanden.
Nach zwei, drei Wochen seien sie wieder abgeholt worden.
Ein ehemaliges Zimmermädchen aus Reinhardsbrunn gibt
aber an, die Kisten wären zwei Monate lang auf dem Schloß
gewesen und erst wenige Tage vor dem Eintreffen der Amerikaner, Anfang April, von einem Fliegeroffizier mit LKW abgeholt worden. Beim Beladen sei eine Kiste vom Fahrzeug
gestürzt und zerbrochen. Bernsteinplättchen hätten dort
herumgelegen, die dann auf den Dachboden des Schlosses
gebracht wurden.

Enke schloß daraus, daß das Bernsteinzimmer im Schloß
Reinhardsbrunn zwischengelagert wurde. Zumal ihm noch
der Brief eines ehemaligen Feuerwehrschülers zugegangen
war, der in den 50iger Jahren in Reinhardsbrunn auf dem
Schloßteich mit Bernsteinplättchen das beliebte 'Butterbrotspiel' gespielt haben will (Flache Steine auf dem Wasser
springen lassen). Um auf der Wasseroberfläche mehrmals zu
springen, ist Bernstein aber eigentlich viel zu leicht. Das
machte die Sache erst einmal wieder etwas unglaubwürdig.

Wermusch geht in seinem Buch noch einen Schritt weiter:
Das Bernsteinzimmer habe sich nicht in Reinhardsbrunn befunden, meint er, denn im Brief des Feuerwehrschülers Her-
bert Müller stehe auch, daß es sich um minderwertigen
Bernstein handelte, mit eingeschlossenen Pflanzen und Fliegen. Sie seien vermutlich nicht beim Bernsteinzimmer verar-
beitet worden. Er folgert: In den Kisten seien Inklusen gewesen – und zwar jene, die später im Naturkundemuseum im
Gothaer Schloß Friedenstein gefunden wurden, Stücke aus
der weltberühmten Danziger Inklusensammlung. [15]

Mir enthielt diese ganze Geschichte zuviel Widersprüchliches, um sie in Betracht zu ziehen. Nicht nur, daß das 'Butterbrotspiel' eben mit Bernstein nicht recht funktioniert, auch haben Inklusen in der Regel nicht die Form von Plättchen ... Diesen Denkfehler mußte ich aber korrigieren: Einer meiner Freunde aus Leipzig hatte seiner Mutter erzählt, daß er einen Detektiv kennt, der eine mögliche Spur zum Bernsteinzimmer verfolgt. Seine Mutter, Frau Ilse Hübsch, ist Jahrgang 1929 und eine gebürtige Königsbergerin. Sie erzählte mir, daß im Frühjahr 1944 alle zur Konfirmation anstehenden jungen Menschen die Ausstellung der Wehrmacht im Schloß Königsberg besichtigen mußten. Sie wurden auch in das Bernsteinzimmer geführt, und dieses Erlebnis blieb ewig in ihr erhalten. Es sei das schönste Kunstwerk gewesen, daß sie je gesehen hatte. Besonders erinnert sie sich noch an die Teile mit den eingeschlossenen Insekten. Es seien Spinnen und Fliegen gewesen, die da in einigen Plättchen des Zimmers zu sehen waren. Alles war so beeindruckend, daß sie es ihr Leben lang nicht vergessen wird.

Also doch Inklusen beim Bernsteinzimmer, entgegen Wermuschs Behauptungen, der Bernstein sei besonders rein gewesen. War das Bernsteinzimmer möglicherweise doch im Jagdschloß der Sachsen–Coburger in Reinhardsbrunn gewesen? Was sollte man dort im Februar 1945 mit dem verpackten Kunstwerk? Aufstellen wohl kaum, sonst hätte man es nicht im Bogengang unter dem Ahnensaal, also im Freien, gelagert. Als Versteck scheidet der Ort aus dem gleichen Grund aus. Also nur Zwischenlager. Auf dem Weg wohin aber?

Enke war auch noch im Besitz eines Schreibens aus dem Museum Weimar, aus dem hervorgeht, daß am 9. April 1945 ein A. Popp das eingelagerte Kunstgut aus Königsberg wieder abgeholt hatte. Er sei dazu mit einem Lastwagen des Schweizer Roten Kreuzes gekommen. Dies wurde ihm auch von Zeitzeugen bestätigt.

Wie kommt ein deutscher Fliegeroffizier kurz vor Kriegsende

zu einem Lastwagen des Schweizer Roten Kreuzes? Hat ihm bei der Organisation des Fahrzeuges vielleicht der Präsident des Deutschen Roten Kreuzes geholfen? Jedenfalls lud A. Popp einen Teil der von ihm im Februar '45 eingelagerten Königsberger Museumsgüter wieder auf und brachte sie an einen unbekannten Ort. Am 10. April wiederholte sich die Prozedur – nur wenige Stunden, bevor die ersten amerikanischen Panzer vor Weimar standen. Insgesamt schaffte er etwa zwei Drittel der eingelagerten Kunstgüter wieder weg. Für den Rest reicht die Zeit nicht mehr, denn schon am 12. April wird die Stadt dem Kommandierenden der 3. US–Army, General Georg S. Patton, kampflos übergeben. Deshalb also blieb das letzte Drittel der Güter aus Königsberg im Landesmuseum Weimar.

Dr. Scheidig erfaßte den Inhalt der verbliebenen Kisten in den ersten Maitagen. Seine Aufstellung erlaubt nur eine ungefähre Vorstellung vom Wert der Kochschen Kunstsammlung. Allein zum letzten Drittel gehörten 70 Gemälde, über 100 Radierungen, Stiche und Steindrucke, Gobelins, Silbersachen, vergoldete Gegenstände und solche aus Halbedelsteinen. Doch wohin kamen die anderen zwei Drittel? Der Hauptteil der Koch'schen Sammlung ist bis heute – wie das Bernsteinzimmer – verschollen.

Das bestärkte Enke in der Überzeugung, daß Popp, Albert, – den Enke inzwischen als Standartenführer des NS–Fliegerkorps Sachsen und weitläufigen Verwandten des sächsischen Gauleiters Mutschmann identifiziert hatte – Anfang April auch die Kisten aus Reinhardsbrunn abgeholt hatte. Denn nach Meinung der Reinhardsbrunner Zeugen war es ein Fliegeroffizier, der die Kisten abgeholt haben soll.

Weil Popp dann auch zweimal in Weimar war, am 9. und noch einmal am 10. April, mutmaßte Enke, daß der Transport nicht weit gegangen sein kann. Und er muß – im Westen und Norden standen Truppen der Alliierten, im Süden war nur der beschwerliche Weg durch das Erzgebirge in die Tschechei offen – ostwärts gefahren sein. Dort verläuft die Autobahn Eisenach–Gotha–Weimar–Gera–Chemnitz. Über diese Route kann ein LKW innerhalb von wenigen Stunden sein Ziel erreichen und wieder zurückkehren. Enkes Überlegungen blieben reichlich 150 Kilometer von Weimar entfernt, in Westsachsen, im Raum Aue stehen. Doch warum ausgerechnet in dieser Gegend? Enke hatte dafür mehrere Gründe. Einer davon war, daß Albert Popp seine letzte Dienststelle in Johanngeorgenstadt hatte. Außerdem brachte er seine Familie am 11. April 1945 aus ihrem Wohnort Elsterberg im Vogtland nach Schwarzbach bei Schwarzenberg. Des weiteren hatte Enke herausgefunden, daß Popp im April 1945 noch verschiedene andere Aktivitäten in diesem Gebiet entfaltet hatte.

Wü(y)ste Geschichten

Die Menschen vergessen eher den Tod des Vaters
als den Verlust des väterlichen Erbteils.

(N. Machiavelli)

Und noch ein Grund brachte Enke zur Annahme, das Westerzgebirge sei der Verbringungsraum des Bernsteinzimmers. Dieser Grund hieß Gustav Wyst. Und der war SS–Mann aus Königsberg und offenbar ein enger Vertrauter von Gauleiter Koch. Es ist die Spur jenes Mannes, von dem Enke annahm, daß er das Bernsteinzimmer gemeinsam mit Albert Popp versteckt hatte.

Bereits 1959 schrieb der Sohn dieses Mannes, Rudolf Wyst, an die Zeitschrift "Freie Welt", die in der DDR herausgegeben wurde. Der Grund dafür war ein Artikel über das Verschwinden des Bernsteinzimmers, der in diesem Wochenblatt erschienen war.

Rudolf Wyst bat um Vertraulichkeit, da er den Namen seiner Familie nicht mit der Vergangenheit seines Vaters belasten wollte. Diese Vertraulichkeit gewährte man ihm. Im Buch von Enke tauchten er und sein Vater deshalb unter dem Pseudonym Ringel auf. (Sein Inkognito lüftete Ringel/Wyst erst 1987. Doch dies nur nebenbei.)

Rudolf Wyst also berichtete, seine Familie sei 1944 aus Königsberg ins sächsische Crimmitschau gezogen. Der Russe habe vor der Tür gestanden, und man wollte ihm nicht in die Hände fallen. Am 5. Februar 1945 sei auch der Vater dort angekommen. In Zivil gekleidet, mit einem Seesack und einer Maschinenpistole ausgerüstet. Dann sei er wieder für etwa 10 Tage verschwunden. Im April sei er noch einmal kurz weggewesen. Anfang 1946 war die Familie Wyst nach Oberschlema gezogen und nach kurzer Zeit von dort nach Elsterberg ins Vogtland.

Das Bernsteinzimmer kannte Rudolf Wyst von einem Schloßbesuch in Königsberg.

1959 enthüllte Wyst junior ein bis dahin von ihm gehütetes Geheimnis. Sein Vater, der angebliche ehemalige SS–Mann Gustav Wyst, hätte kurz vor seinem Tod, im Oktober 1947, noch einmal mit ihm über das Bernsteinzimmer gesprochen und ihm anvertraut, daß er es mit verborgen habe. Es war gewissermaßen ein Vermächtnis auf dem Sterbebett.

Ein paar Jahre später stieß Wyst junior im Schuppen des Hauses auf eine halbverfaulte lederne Kartentasche, wie sie Offiziere im Krieg bei sich trugen. Ihr Schloß war wohl den heiligen drei Affen nachgeformt. Bei dem vom Sohn Rudolf noch lesbaren Inhalt der Tasche soll es sich um Befehle, Quittungen und Teile eines Stadtplanes von Königsberg gehandelt haben. Dabei waren auch Ausweise des Vaters, von denen einer die Unterschrift Himmlers trug. Bevor Rudolf die Papiere verbrannte, da er sie zu der Zeit für gefährlich hielt, las er einige. In denen sei es um das Bernsteinzimmer gegangen.

Enke schreibt darüber: "Das schien ein Auftrag gewesen zu sein, das Bernsteinzimmer bei einer Evakuierung an einen bestimmten Ort zu bringen. Rudolf glaubte sich erinnern zu können, daß dieser Ort mit dem Buchstaben BSCH bezeichnet worden sei. Außerdem sollen Hinweise enthalten gewesen sein, wie das Objekt zu tarnen wäre... Auf dem Teil eines Stadtplans von Königsberg waren Einzeichnungen zu erkennen gewesen ... Außerdem war eine Quittung von insgesamt 42 Kisten und einer größeren Anzahl von Säcken und Packstücken unterschriftlich bestätigt worden."[16]

Das interessanteste Dokument sei freilich ein Funkspruch gewesen, den Rudolf Wyst ebenfalls in der fast verrotteten Tasche aufgestöbert haben will. Sein Inhalt soll etwa so gelautet haben: "An Reichssicherheitshauptamt. Befehl ausgeführt. Aktion Bernsteinzimmer beendet. Einlagerung in BSCH. Zugänge befehlsmäßig getarnt. Sprengung erfolgt. Opfer durch Feindeinwirkung. Melde mich zurück. Gustav Wyst."[17]

Diesen Funkspruch gab Rudolf Wyst auch in Moskau zu Protokoll. Der russische Geheimdienst hatte ihn eingeladen, nachdem die "Freie Welt", Zeitschrift zur Förderung der deutsch–sowjetischen Freundschaft in der DDR, die "Freunde" informiert hatte. Die Sowjets deuten die Zeichnungen im Königsberger Stadtplan als Indiz, daß das Bernsteinzimmer möglicherweise dort geblieben sei. Ihre Suche danach blieb jedoch erfolglos.

Verwirrung stiftet das Kürzel, an das sich Rudolf Wyst angeblich erinnerte – BSCH. Enke mutmaßte, es könnte auch für Bad Schlema stehen, denn der Ort im Sächsischen hatte sich angeblich einst das Attribut 'Bad' bewilligt. Auch Georg Stein hatte von diesem Funkspruch gehört. Er machte aus BSCH gleich 'BSCH W.V.', was wohl für den Bergwerksschacht Wittekind bei Volpriehausen stehen sollte. Laut Enke ist dieser Funkspruch auch von der englischen und russischen Funküberwachung empfangen worden. Da die Engländer angenommen haben sollen, daß dieser Text aus Königsberg gefunkt wurde, übermittelten sie ihn angeblich auch an die Russen.

Wermusch weist zu recht darauf hin, daß der Text des Briefes vom Sohn Wyst an die "Freie Welt" in Moskau auf einer russischen Schreibmaschine mit kyrillischen Buchstaben protokolliert wurde. Im Funkspruch könnte es also genausogut B III geheißen haben. Dieser Meinung war erstaunlicherweise auch Rudolf Wyst selbst, deshalb suchten die Russen in Königsberg nach einem Bunker III.

Dennoch war Enke davon überzeugt, daß das Bernsteinzimmer in Sachsen zu finden sei, in einem unterirdischen Depot ('... Sprengung erfolgt'), und daß es Gustav Wyst verborgen hat. Damit ließ sich auch dessen zehntägige Abwesenheit von Crimmitschau im Februar und noch einmal im April 1945 erklären.

Zudem, und das war für Enke das letzte Mosaiksteinchen, soll Wyst für Ostpreußens Gauleiter Koch persönliche Aufträge ausgeführt haben. War er der Verwalter des Gauleiters Koch, von dem auch der Museumsdirektor aus Weimar, Dr.

Scheidig, sprach? Ließ also Erich Koch das Bernsteinzimmer gemeinsam mit "seiner" Kunstsammlung verstecken? Standen Albert Popp und Gustav Wyst unter dessen Komando? Albert Popp war bekanntlich der Chef des sächsischen Fliegerkorps. Er war aber auch ein Verwandter des sächsischen Gauleiters Mutschmann. Eine Verbindung zu Koch wäre dadurch durchaus möglich. Wobei aber Ermittlungen ergeben hatten, daß Koch sich in Thüringen ein neues Domizil aufbauen wollte. Dort hieß der Gauleiter aber Saukel. Wieso holte dann der Sachse Popp die Kunstschätze ab? Hat der sie nach Sachsen gebracht, oder hatte der Abtransport andere Gründe? Und weshalb hatte Koch dann das Geheimnis nicht im Gefängnis gelüftet, wo er über drei Jahrzehnte lebte? Zweifelsohne wäre das ein Strohhalm für ihn gewesen, das Strafmaß zu mildern. Zu verlieren hatte er doch sowieso nichts mehr.

Warum gab er statt dessen an, er habe bei Kriegsende anderes zu tun gehabt, als sich um ein paar Kisten zu kümmern, und warum nannte er dann falsche Orte in Königsberg und Ostpreußen?

Popp, der möglicherweise einzige Überlebende der Aktion in Mitteldeutschland, erst 1976 ist er in Frankfurt a. Main verstorben, hätte bis 1952 Zeit gehabt, Koch von der Erledigung des Auftrages in Kenntnis zu setzen, denn der lebte bekanntlich bis dahin unentdeckt in Deutschland. Somit hätte er, wenn er tatsächlich der Auftraggeber war, den wahren Verbringungsort kennen können.

Alles Fragen, die sich mir stellten, nachdem ich die erwähnte Literatur ausgiebig studiert hatte. Natürlich war in diesen Berichten auch noch die Rede von vielen anderen Spuren, denen man nachgegangen ist, aber sie waren für mich erst mal weniger wichtig. Trotz meiner Zweifel an der Richtigkeit der Zusammenhänge der handelnden Personen, schien mir die ganze Geschichte immer interessanter zu werden. Ich muß auch zugeben, daß ich vom Umfang der Arbeiten zur Bernsteinzimmersuche beeindruckt war. Irgendwie kam mir die Sache aber zusammenhangslos vor.

Warum versteiften sich die Fahnder immer auf die eine Theorie, das Bernsteinzimmer sei im Auftrag Adolf Hitlers geraubt worden, obwohl genau zu diesem Punkt die Beweise fehlten? Im Laufe der Jahre sind eine Menge an Hinweisen, Dokumenten und Zeugenaussagen zusammengetragen worden, den sich daraus ergebenden Schlußfolgerungen fehlen aber die Zusammenhänge. Man suchte bei SS–Mann Wyst, suchte beim Chef des sächsischen Fliegerkorps Popp, beim ostpreußischen Gauleiter Koch und in dem angeblichen Hitlerquartier Reinhardsbrunn, das es nie war.

Jemand konnte sich an irgendwelche Papiere erinnern, die man sofort dem Reichssicherheitshauptamt und der SS zuordnete, obwohl keiner diese Papiere mehr zu Gesicht bekommen hatte. Zwischen dieser staatlichen Einrichtung und den Organisationen der Nationalsozialistischen Deutschen Arbeiterpartei, deren Vertreter Koch in Ostpreußen war, gab es konkrete Kompetenzgrenzen.

Die einen unterstanden Himmler, und die anderen wurden vom Leiter der Parteikanzlei und Sekretär von Hitler, Martin Bormann, geführt. Zwar hat sich die Partei in alles eingemischt, aber die Kreise der Militärs und der Polizei waren relativ unabhängig. Das hätte einem Enke auffallen müssen, denn er hatte ähnliche Führungsprinzipien in der DDR kennengelernt.

Weil man nicht genau die Rolle Gustav Wysts in Königsberg ermitteln konnte, wurde er zum SS–Mann gemacht, obwohl die Ermittlungsergebnisse ergaben, daß er sich in Crimmitschau als ehemaliger Wehrmachtsangehöriger polizeilich gemeldet hatte. Ein Gustav Wyst wurde in den Versorgungslisten der SS auch nirgendwo geführt. Um solche Widersprüche stimmig zu machen, erfand man Begründungen wie – Wyst habe in Königsberg noch einen anderen Namen gehabt.

Ein Albert Popp wird zum Handlanger seines Onkels Mutschmann und dessen Parteifreund Koch gemacht, ohne daß man sich fragt, welche Rolle dieser Mann denn wirklich spielte. Seine ganzen Handlungen gegen Ende des Krieges entsprachen kaum noch den Aufgaben des Nationalsozialistischen Fliegerkorps, dessen Chef er in Sachsen war. Für wen arbeitete er also wirklich? Sein Tun weist doch ziemlich deutlich darauf hin, daß es auf die Zeit danach ausgerichtet war. Also für das, was nach dem Zusammenbruch des Naziregimes kommen sollte, denn im April 1945 war diesem Herrn doch sicher klar, daß es mit einem Großdeutschland und Adolf Hitler zu Ende ging.

Schlußfolgernd also die Fragen: In wessen Auftrag handelten solche Leute wie Popp und Wyst wirklich? Was hatte man tatsächlich vor, und welche Rolle war dabei dem Bernsteinzimmer zugedacht? Die Behauptung Enkes, man habe es für Hitler oder als politisches Pfand vorbehalten, konnte ja wohl kaum noch stimmen.

Identitätsprobleme?

Narren sind alle, die es scheinen, und die Hälfte der,
die es nicht scheinen. (B. Gracian, Handorakel)

Horst Schmidt hatte in den Berichten über seine Recherchen neben dauernd unfertig geäußerten Geschichten auch Gedankensprünge, bei denen er voraussetzte, seine Gesprächspartner waren genauso informiert wie er. Jedenfalls hatte ich immer das Gefühl, daß er dachte, ich bin in die Geheimnisse seiner Gedanken und in die des Bernsteinzimmers eingeweiht. Das verursachte bei mir manchmal die tollsten Mißverständnisse. Einer der entscheidendsten, später aber wesentlichsten, war der über Keiluweit.

Im Enke–Report wird ein Mann erwähnt, der behauptet hatte, er habe das Bernsteinzimmer von Königsberg nach Ilmenau in Thüringen transportiert. Ein gewisser Erwin Keiluweit. Allerdings schenkte Enke ihm nicht allzuviel Aufmerksamkeit und Vertrauen. Schmidt meinte aber: 'Man müßte mal mit Keiluweit reden, denn diese Person ist undurchsichtig.'

Seine Vermutungen gingen zwischen BND– und CIA–Mann hin und her. Dann wieder war er vom KGB eingeschleust worden, um Verwirrung zu stiften usw. Konkret entnahm ich seinen Erzählungen aber folgendes: Erwin Keiluweit soll ca. 1958 zum ersten Mal aufgetaucht sein, nach Schmidts Diktion aus russischer Gefangenschaft. Das sei aber nie überprüft worden. Über das 'Warum?' bin ich allerdings nicht aufgeklärt worden. Kaum wieder in Deutschland, bekam man Keiluweits Auffassung vom Ulbrichtschen Sozialismus nicht in den Griff und so passierte, was unausbleiblich war: Er landete im Knast. Hier äußerte er wohl zum ersten Mal die Worte, die später Enke dazu brachten, ihn in seinem Buch zu erwähnen: Er behauptete, beim Transport des Bernsteinzimmers dabei gewesen zu sein. Er war Offizier der Abwehr – mit 21 Jahren für Enke und Schmidt unglaublich –

und als solcher mit dem Transport des Bernsteinzimmers beauftragt worden.

Und da begann ein Spiel mit ihm, das im Nachhinein kein Ruhmesblatt in den Annalen des Mielkeschen Geheimdienstes ist. Im Knast – ich glaube, es war damals in Torgau – gab es natürlich auch die berüchtigten IM, und so landete seine Erzählung auf dem Tisch eines zuständigen Stasi–Offiziers. Es folgte die Meldung an dessen Vorgesetzten, und ein Befrager wurde losgeschickt. Dieser kam zurück und 'verstand nichts' und schon gar nicht, daß Keiluweit behauptete Herr von Effenberg–Rasmussen zu sein. Die Russen hätten ihm den Namen in der Gefangenschaft verpaßt. Und außerdem kann ja gar nicht sein, was Erwin da erzählte, denn er behauptet, das Bernsteinzimmer sei nicht von Hitler geraubt worden, sondern von höher gestellten Personen. Wer war denn höher als Hitler? Niemand!

Dieses Spiel wiederholte sich mehrere Male. Man hatte sogar eine Frau auf ihn angesetzt – ich glaube in Magdeburg – bis Erwin im Knast Waldheim landete. In diesem Gefängnis geriet er in den Machtbereich des Stasi–Offiziers Horst Schmidt. Zu diesem Zeitpunkt ließ Enke, bereits als offizieller Kunstfahnder, Erwin tiefer durchleuchten. So gab es eine Bilderkennung, bei der Keiluweit den Popp und Wyst als beteiligte Personen benannte. Allerdings nicht so, wie es Enke gern gehabt hätte, denn er erkannte zwar die Personen, wußte aber nicht deren Namen.

Für Enke war Wyst (der damals noch das Pseudonym Ringel trug) der Transportleiter, schließlich hatte Koch den Transport befohlen. Das war aber nicht Keiluweits Meinung. Der erzählte: "Ringel war zwar dabei, aber nur ein kleines Licht. Außerdem hatte der Transport mit Hitler und Koch nichts zu tun gehabt."

Enke war auch überzeugt, daß der bewußte Transport in Weimar gelandet war. Wieso behauptete Keiluweit, sie sollten nach Schneeberg – das liegt im Erzgebirge –, und von der Bahn entladen wurde der Transport auf dem Bahnhof Ilmenau, das ist Thüringen. Danach sei die Kolonne in den

Raum Schleusingen gefahren. Von da an wollte Erwin Keiluweit nichts mehr wissen, denn er habe den Transport einem gewissen Major Köhler übergeben und sich nach Berlin in Marsch gesetzt, um bei Bormann Vollzug zu melden.

Außerdem gab es da noch die Behauptung von Erwin Keiluweit: "Ein LKW ist in Königsberg bei der Einfahrt durch ein Schloßtor mit selbigem kollidiert, und eine Kiste ist kaputtgegangen. Dabei ist Bernstein herausgefallen." Zwar hatte Dr. Strauß, der Königsberger Kollege von Dr. Rohde, in seinem bereits erwähnten Bericht aus dem Jahr '49 geschrieben, daß man bei der Suche in Königsberg am Albrechtstor tatsächlich Bernstein gefunden hatte, der Bericht war aber nie veröffentlicht worden. Also woher wußte Keiluweit das? Woher kannte er Wyst und Popp, zumindest von Angesicht?

Enke wischte den Keiluweit–Bericht mit einem Satz beiseite: "Aber wie gesagt, als Beweis haben wir die interessante Geschichte nicht gewertet."[18]

Ähnlich lapidar tut Wermusch Keiluweit ab: "Die Gesamtaussage des Mannes sei zu recht als Phantasterei zu qualifizieren".[19]

Und dann erzählt Schmidt noch etwas, was mir sehr zu denken gab, aber von Enke und Wermusch nie erwähnt wurde:

In Waldheim gab es einen Arzt, der für das Seelenheil der dort Einsitzenden zuständig war. Besser gesagt, es gab eine psychiatrische Abteilung, in der Gefangene auf ihren Seelenzustand untersucht wurden. Und hier gab es den Chef dieser Einrichtung, der alle Beteiligten von der Last, eine Erklärung für Keiluweits Geschichte zu finden, befreite. Erwin Keiluweit war mit einem Mal unzurechnungsfähig. Und was einer mit dieser Bescheinigung erzählt, konnte ja nicht stimmen. Also Akte zu! Seitdem sei Keiluweit ein freier Mann gewesen und durfte auch reden, was er wollte.

Etwas peinlich und deshalb auch damals nicht erwähnenswert war allerdings, daß sich später herausstellte, daß jener Arzt im Offiziersrang der Stasi, vor 1945 ein junger Arzt war, der die gleichen Spielchen schon bei Himmlers Verein betrieben haben soll. Hatte der Keiluweit schützen wollen? Und warum?

Interessant schien mir auch die Erklärung Schmidts, wie er und seine Leute herausbekommen hatten, welche Rolle der Stasiarzt früher spielte: Man habe den ehemaligen engsten Mitarbeiter der Hitlerschen Beauftragten für das geplante Führermuseum in Linz überwacht. Dieser engste Mitarbeiter der Beauftragten, ein gewisser Dr. Reimer, lebte nämlich seit Kriegsende in Döbeln bei Leipzig. Dort hatte man ihn aufgestöbert und beobachtet. Bei diesen Observierungen hätten dann Schmidts Leute festgestellt, daß Reimer Kontakt mit dem schon erwähnten Stasiarzt hatte.

Bei der nun fälligen Überprüfung sei man auf dessen Vergangenheit aufmerksam geworden. Natürlich wurde Reimer auch von den Leuten um Enke und Co. vernommen. Dabei machte jener noch eine Bemerkung, die mir später von einem Zeugen der Befragung bestätigt wurde. Hitler hatte den in seinem Auftrag handelnden Kunstsammlern Posse und Voß ein unbegrenztes Limit an Geld eingeräumt, um Kunstwerke im Ausland zu kaufen. Immer wenn Geld benötigt wurde, mußte Reimer in einer Zentralstelle für Papier anrufen, um das Geld zu bekommen.

Ausländische Währungen in bar. Diese Zentralstelle hatte in den letzten Kriegsjahren ihren Sitz in der Papierfabrik Niederschlema. Ein doch sehr seltsames und bedenkenswertes Zusammentreffen von Ereignisorten und Personen.

Warum hatte dieser Arzt aus Waldheim Erwin Keiluweit bescheinigt, daß er für sein Tun und Reden nicht verantwortlich zu machen sei. Hatte Keiluweit dem MfS irgend etwas erzählt, was nicht ins Konzept paßte? Wenn ja, in wessen Konzept?

Nach seiner Darstellung war der Transport mit dem Bernsteinzimmer per Eisenbahn nach Thüringen gelangt und dann in Ilmenau entladen worden. Zwischen Ilmenau und Schleusingen habe er den Fahrzeugkonvoi verlassen; über dessen weitere Route wisse er nichts.

Diese Geschichten bestärkten mich in meiner Absicht, Keiluweit aufzusuchen. Warum hat der Mann dem MfS von dem Transport erzählt, dessen Ende er nicht miterlebt hat? Kapital konnte er daraus nicht schlagen. Und noch einmal: Woher wußte der Mann von dem Zwischenfall am Albrechtstor, wenn er nicht selbst dabei war?

Ich vereinbarte zunächst ein Treffen mit Reinhard Borgmann, einem Jounalisten vom Sender Freies Berlin. Vielleicht kann er mir helfen, an Keiluweit heranzukommen. Als Privatdetektiv konnte ich unter Umständen nichts ausrichten; daß der Mann bei einem Journalisten vom Fernsehen aufgeschlossener reagiert, war anzunehmen.

Doch zunächst galt es, Borgmann für das Vorhaben zu gewinnen. Ich erzählte ihm die ganze Geschichte so, wie sie sich mir darstellte: vom seltsamen Treffen mit Schmidt, von meinen Literaturrecherchen, aus denen zahllose Fragen resultieren – nach der Rolle Dr. Rohdes, Gustav Wysts und seinem rätselhaften Funkspruch.

Ich berichtete von Albert Popp und der Kochschen Kunstsammlung, von der Spur ins Sächsische, die Schmidt weiterverfolgt hatte. Und schließlich von Erwin Keiluweit – einem der wenigen, die man noch befragen konnte.

Borgmannn war zunächst alles andere als Feuer und Flamme. "Das ist eine interessante Geschichte", sagte er vage. Erst als ich einräume, daß ich auch nach wie vor skeptisch und nicht sicher bin, ob an der Sache überhaupt 'etwas dran' ist, taute er auf: Man könnte ja mal sehen ... Schließlich einigten wir uns auf einen Termin für die Fahrt zu Keiluweit. Borgmann wollte zusätzlich bei der Gauck–Behörde die Stasiakten zum Bernsteinzimmer beantragen.

Obwohl – meiner damaligen Auffassung nach – Enkes Buch einen gründlichen Eindruck machte, war mir klar, daß darin nicht alles stand, was man herausgefunden hatte. Auch in diesem Fall wird das Prinzip gegolten haben, wonach jeder nur so viel wissen muß, wie es die Chefs höchstpersönlich für unbedingt erforderlich hielten.

Die lebendige Verkörperung dieses Prinzips führt mir Schmidt einige Tage nach der Aktion mit Reinhard Borgmann vor: "Ich habe bei unserem ersten Treffen ja nicht alles erzählt", sagte Horst Schmidt, dessen Meinung zu Erwin Keiluweit sich bemerkenswert gewandelt hatte. Der sei nur ein verückter alter Mann, behauptete er nun und außerdem: "Inzwischen wissen wir", wer damit auch immer gemeint war, "daß Keiluweit für den KGB arbeitet."

Tage später bringt Schmidt plötzlich doch ein Papier, auf dem Fragen stehen, die wir Keiluweit zu stellen hätten. Zu diesem Zeitpunkt hatten wir allerdings das "Rendezvous mit Erwin K." schon hinter uns. "Keine Ahnung von konspirativer Arbeit!" ... usw. war Schmidts Reaktion auf unseren Besuch bei Keiluweit. Erst als mein Mitarbeiter schlichtete, kam Ruhe in unser Gespräch. Ich hatte aber zu diesem Zeitpunkt mit der Schmidt/Enke-Theorie vom Kunstraub für Hitler bereits gebrochen und sein später geäußerter Verdacht, ich sei ebenfalls vom KGB oder CIA gekauft, bewies mir nur eins ganz deutlich: Schmidt war total überzogen und berufskrank.

Seine Verdächtigungen, daß er nur noch von Personen ausländischer Geheimdienste umgeben sei, nahm immer groteskere Formen an. Er trieb es soweit, daß er von sich gab: "Dem Reimann hetze ich die Russenmafia auf den Hals, den lasse ich umlegen!" Und bedrohte mich direkt mit der Ankündigung: "Ich weiß, wo der Teufel wohnt ...!" Auf meine Rückfrage, ob er mir nicht dessen Adresse geben kann, vielleicht weiß der etwas mehr über das Versteck des Bernsteinzimmers, schließlich wohnt der ja da unten, schlug er nur seine Autotür zu und fuhr davon.

An einem Spätsommertag des Jahres 1994 hatten sich Reinhard Borgmann, ein Kamerateam und ich auf den Weg ins Vogtland gemacht. Unser Ziel der kleine Ort Joketa. Dort lebte Erwin Keiluweit. Wir kamen unangemeldet, hatten uns für die Überraschungstaktik entschieden, weil wir befürchten mußten, daß wir auf dem üblichen Weg nichts ausrichten konnten. An einem Haus mit gepflegtem Vorgarten klingelten wir. Ich war gespannt auf den Mann. Er mußte inzwischen über 70 Jahre alt sein. Zugegeben – wir erwarteten einen gebrechlichen, ziemlich wirren Alten, wurden jedoch angenehm überrascht. Uns öffnete ein älterer Herr, der einen stabilen und wesentlich jüngeren Eindruck machte. Auch die Kamera, mit der wir uns vor dem Haus plaziert hatten, verwirrte ihn nicht. Dennoch verlangte er entschieden: "Machen Sie die Kamera aus!" Der ostpreußische Dialekt war nicht zu überhören.

Reinhard hatte sich eine Legende ausgedacht: Er drehe eine Geschichte über deutsche Schicksale, erzählte er nun, und er hätte vom interessanten Lebenslauf Keiluweits gehört ... Doch damit waren wir an den Falschen geraten, Keiluweit wußte sofort, worum es gehen könnte. "Sie haben ja keine Ahnung, worauf sie sich da eingelassen haben!" Schließlich war er aber bereit zu reden, aber nicht vor der Kamera und nur mit einem von uns. Er verschwand mit Reinhard im Haus.

Und dies ist die Erwin Keiluweit Geschichte:

Anfang 1945 wurde ein Konvoi aus mehreren LKW zusammengestellt, die zur Tarnung die Aufschrift 'Hochexplosiv' trugen. Mit ihm sollte das Bernsteinzimmer aus dem umkämpften Ostpreußen herausgebracht werden. Erwin Keiluweit war zu diesem Zeitpunkt Oberleutnant der militärischen Abwehr.

Zunächst fuhr die Kolonne etwa 80 km südwestlich von Königsberg. Dort wurden Teile des polnischen Nationalschatzes zugeladen. Als die Russen die Landverbindung nach Westen unterbrochen hatten, war der Konvoi per Bahn bereits aus Ostpreußen heraus. Sein Ziel war der Raum Berka, und das Bernsteinzimmer sollte dann nach Quedlinburg. In Ilmenau aber verlassen die Fahrzeuge Ende Januar 1945 den Eisenbahntransport, um in den Raum Schneeberg weiterzufahren. Dann lagert der Konvoi einige Tage in einer Waldgegend zwischen Ilmenau und Schleusingen. Dort wurde Keiluweit von seiner Aufgabe entbunden. Über das weitere Schicksal des Konvois mit dem Bernsteinzimmer ist ihm nichts bekannt.

Doch Keiluweit hatte nicht nur über den Transport gesprochen, sondern auch über dessen Hintergründe: "Das ist kein Kunstraub gewesen: Was einem gehört, könne man nicht stehlen". Und dann erzählte er noch, er stamme von baltischem Adel ab, sein richtiger Name sei von Effenberg–Rasmussen. "Der Enke lügt in seinem Buch; das Bernsteinzimmer hat mit Hitler nichts zu tun. Hinter der Sache standen höhere Kreise. Dagegen war Hitler ein kleines Licht."

Das sind Gesprächsergebnisse, wie sie mir Borgmann wiedergab, als er nach zwei Stunden aus dem Haus kam. Sein Eindruck: ein intelligenter Mann, der genau weiß, was er will.

Mein Kurzeindruck: "Alter deutscher Offiziersadel!"; der spricht und bewegt sich so, wie man sich einen solchen eben vorstellt.

Und dann kam er mir der Gedanke, der alles plötzlich in einem anderen Licht erscheinen ließ: 'Wenn Keiluweit oder von Effenberg–Rasmussen nun mit dem, was er sagt, aus seiner Sicht Recht hat!; wenn es nicht Hitlers Rosenberg war, der sich um den Abtransport gekümmert hatte, sondern es ganz andere Kreise waren? Wehrmachtsführung, Adelskreise, Wirtschaftsbosse und ähnliche, die mit Hitler nichts mehr zu tun haben wollten und sich anderen Partnern zugewandt hatten und sich dabei bei Geheimdiensten bedienten wie beispielsweise der Abwehr!

Das war ja mit einem Mal eine ganz neue Sicht! Das läßt ja bestimmte Erkenntnisse, die man bisher nicht einordnen konnte, in einem völlig anderem Licht erscheinen. Wenn nicht Hitlers Vasallen dahintersteckten, würde sich auch erklären, warum man keinen Befehl zum Abtransport des Kunstwerkes gefunden hatte...

Das Bernsteinzimmer gehörte im Sinne der damals in Deutschland Herrschenden nicht den Sowjets, denn die hatten es ja der Zarenfamilie Romanow–Holstein–Gottorp und

dem mit ihnen verwandten deutschen und britischen Hochadel, den Hohenzollern, Hessen, Sachsen und auch dem
britischen Königshaus Windsor, gestohlen. Das war doch ein
eindeutiger Grund für das fehlende Interesse Adolf Hitlers
am Bernsteinzimmer als Beutekunst!
Wie schrieb Dr. Rohde in seinem Artikel von 1942: "... das
Bernsteinzimmer Friedrichs I."
Eine Vereinnahmung als Beutekunst hätte nur den Unwillen
dieser Kreise gegen Hitler vergrößert. An so einem Kunstraub konnte auch Hitler keine Freude haben, denn er hätte
sich damit auch den Zorn einiger der finanzkräftigsten Deutschen zugezogen, inklusive deren internationale Verbindungen, die trotz Embargo einiger Länder die Kriegswirtschaft
und damit die Kriegsfähigkeit Deutschlands aufrecht erhielten. Ein Zorn, der die Karriere eines Adolf Hitlers möglicherweise eher beendet haben könnte, als diesem recht gewesen
wäre. Personen, auch Führer, sind auswechselbar...
Dann sind ja Enke und andere den Spuren der falschen Täter
gefolgt? Damit wird natürlich auch klar, warum Enke und
Co. den Aussagen eines Keiluweit keinen Glauben schenken
konnten. Der Mann verstieß einfach gegen Regeln der Geschichte, die in einem so autoritären Staat, wie es die DDR
war, ohne Wenn und Aber feststanden. Man konnte doch
nicht wegen solcher 'Kleinigkeiten' ganze Weltbilder demon-
tieren: Widerstand gegen Hitler gab es nur von Kommunisten. Der Rest des Kapitalismus huldigte selbstverständlich
dem faschistischen Führer, ohne Ausnahme.

Mit solchen Gedanken kam für mich endlich Sinn in diese
verworrene Geschichte. Die Möglichkeit, daß die Aufklärung
des so mysteriösen Verschwindens des Bernsteinzimmers
bisher nicht von Erfolg gekrönt war, weil man einem falschen Täter nachjagte, wäre eine Erklärung dafür, daß im
Laufe der Jahre zwar immer wieder Hinweise und Belege für
die Odyssee des Bernsteinzimmers gefunden wurden, sie
aber nie richtig zusammenpaßten. Man hatte an einem
Puzzle mit falscher Vorlage gearbeitet.

Die Akte "Puschkin"

Mich dünkt, ich hör' ein ganzes Chor

von hunderttausend Narren sprechen.

(Goethe, Faust)

Irgendwo habe ich gehört, daß der Aktenberg unter dem Decknamen "Puschkin" in den Regalen der Stasizentrale 3,5 m lang gewesen sein soll. Aber laut Kartei ist ein großer Teil 1989/90 vernichtet worden. Einige Dokumente sollen auch 1990 das Interesse des Bundeskriminalamtes gefunden haben. Das verbliebene Material ist aber trotzdem noch aufschlußreich: Dokumente aus der Nazi–Zeit, Material aus DDR–Staatsarchiven, aus Archiven in Polen, den USA, der UdSSR und der Bundesrepublik. Es finden sich Stadtpläne, Zeichnungen, Skizzen von möglichen Fundorten. Laut Akten wurden weit über 100 verschiedene Orte in Ost–deutschland zwischen Ostseeküste und Thüringen untersucht.

Mit deutscher Gründlichkeit krochen die Suchtrupps in Stollen und Bunker, durchstöberten Schlösser und Keller oder tauchten nach dem Schatz in verschiedenen Gewässern.

An mehreren Stellen versuchten sie mit Probebohrungen und geologischen Messungen die möglichen Verstecke zu orten. Aber die Akten dokumentieren eben einen Flop nach dem anderen. Mielke hatte die Suche nach dem Bernsteinzimmer zur Chefsache erklärt und einen seiner Stellvertreter, Generaloberst Neiber, damit beauftragt. Zum Leiter der Kunstfahndungstruppe wurde Oberstleutnant Hans Seufert gemacht.

Dem standen neben der Suchtruppe Enkes auch die gesamte Palette der Spezialisten der Stasi zur Verfügung. Doch die Hauptakteure der Kunstfahndungstruppe waren im Prinzip nur zwei Männer: Paul Enke und Uwe Geißler. Um zu erfahren, wer die Männer waren, die sich konkret mit dem geheimnisvollen Suchunternehmen befaßt hatten, nahm ich mir deren Personalakten zuerst vor. [20]

Paul Enke, Dr. jur., promoviert an der Hochschule für Staat und Recht der ehemaligen DDR in Potsdam, dann Politlehrer beim Ministerium des Innern, seit 1963 informeller Mitarbeiter der Stasi, ab 1974 Offizier im besonderen Einsatz zur Bernsteinzimmersuche. Man verpaßte ihm dafür die Legende vom "pensionierten Zivilangestellten des Ministeriums des Innern". Also Hobbysucher.

Ihm zur Seite stand ein gewisser Uwe Geißler. Der spionierte Ende der 50er Jahre als Zeitschriftenwerber für die Stasi in Westberlin, arbeitete dann in seinem Beruf als Werkzeugmacher im Funkwerk Köpenick und lieferte dort als IM seine Berichte an die Dienstherren des Ministeriums für Staatssicherheit. 1967 wurde er hauptamtlicher Stasimann als "politischer Mitarbeiter des deutschen Friedensrates".

Irgendwie wird er dann Enkes persönliche Spürnase. Seine Aufgaben laut Arbeitsvertrag lauteten: "Ermittlungen zu Personen im Gebiet der DDR, hauptsächlich zur Klärung von Fragen des faschistischen Kunstraubs".

Er bekam die Legende eines Fahnders der Kripo. Offensichtlich sollte niemand erfahren, daß sich Mielkes Verein auch mit der Suche nach dem Bernsteinzimmer befaßte.

Davon will auch Lektor Günter Wermusch, der dritte Spezialist im Bunde der DDR-Sucher, nichts gewußt haben. Erst bei Enkes Beerdigung im Dezember 1987, so ist es in seinem Buch zu lesen, sei ihm bekannt geworden, daß sein Autor beim MfS war. [21]

Wenn es denn so gewesen sein soll, so muß ihn das nicht weiter gestört haben. Jedenfalls geht auch aus den Akten hervor, daß Günter Wermusch 1990 noch fleißig für das Amt für Nationale Sicherheit, wie der Verein sich dann nannte, weitergearbeitet hatte. Auch machte er mit der Geheimniskrämerei um die Suche nach dem Bernsteinzimmer weiter.

Meine Zweifel an der Kompetenz dieser Spezialisten verstärkten sich auch durch andere Spielchen, über die ich mich in großer Anzahl beim Studium der übriggebliebenen Akten über die "Kunstfahndung" informieren konnte.

Erwin Keiluweit wurde beispielsweise zwischen 1965 und 1987 in schöner Regelmäßigkeit zum Versteckspiel aufgesucht, sprich: zum Bernsteinzimmer befragt. Doch nicht etwa von in den Sachverhalt eingewiesenen Personen, nein, er bekam Besuch von den Stasibezirksverwaltungen Suhl, Leipzig, Berlin, Frankfurt und aus den Kreisdienststellen Oelsnitz, Magdeburg, Pößneck und Meiningen. Und offenbar waren die Ermittlungen so geheim, daß keiner vom Ergebnis des Besuchs des anderen wußte. Schlimmer noch. Es wurden Befragungsoffiziere zu Erwin Keiluweit geschickt, die nicht einmal wußten, was es denn mit dem Bernsteinzimmer so auf sich hat und deshalb konnten sie: "... aufgrund fehlenden Wissens keine weiteren Fragen stellen!"[22] Trotzdem haben sie es nicht bleiben lassen, ihre Berichte und "Schlußfolgerungen" von sich zu geben.

Wie sich die Stasisucher im Geflecht ihrer alles überwuchernden Organisation selber im Wege standen und bei all ihren Bemühungen, erfolgreich zu sein, sehr oft an Kleinigkeiten scheiterten, beweist im Prinzip der Aktenberg.

Ich mußte mit Erstaunen feststellen, daß von dem Suchtrupp Enkes kaum Informationen bei Historikern eingeholt wurden. Leute vom Fach, wenn es zum Beispiel um militärische oder zeitgeschichtliche Probleme ging, schien man nicht zu brauchen. Man wußte ja alles. Ideologisch war alles klar, der Rest eine Frage der Einstellung.

Möglich auch, daß solche Informationen nicht protokolliert wurden, aber wie sollte dann das Wissen dieser Leute bei der Suche verwendet werden?

So fühlte sich Paul Enke, der promovierte Jurist, auch einer seltsamen Geheimhaltung verpflichtet, die meines Erachtens mehr Geheimniskrämerei war. Ihm war beispielsweise unerklärlich, weshalb der mysteriöse Herr Erwin Keiluweit als Zielort des Bernsteinzimmer–Transports den Raum Schneeberg angab. Er fragte sich, warum der Zug in Ilmenau entladen wurde und die Kolonne dann in Richtung Schleusingen weiterfuhr. Diese Orte liegen im Herzen von Thüringen und nicht, wie Schneeberg, im Erzgebirge. Ein Widerspruch, der unter anderem dazu beitrug, daß Enke Keiluweits Aussagen nicht glaubte.

Er hatte auch mit dem ordenverzierten Fahnder, dem 'Partisan' Horst Schmidt über diese unerklärlichen Aussagen gerätselt. Selbst 1994 hatte Schmidt dafür noch keine plausible Erklärung. Erst nachdem ich die Begründung für diesen Umstand lieferte, fiel ihm ihr dicker Fehler auf.

Ein Blick auf die Landkarte oder auch ein Gespräch mit einem Militär hätte möglicherweise schon eher des Rätsels Lösung gebracht. Sie hätten dadurch vielleicht erfahren, daß im Sprachgebrauch von Militärs Zielorte von militärischen Aktionen nicht unbedingt auf einen Punkt bezogen sind, sondern auf Räume, die von mehreren geografischen Punkten ausgehen. Das müssen nicht unbedingt Städte oder Ortsnamen sein.

Keiluweits Transport kann also von Ilmenau in Richtung Schleusingen, in den Raum Schneeberg gefahren sein, denn in der Nähe von Schleusingen gibt es bekanntlich den "Schneeberg". Wo ist da ein Widerspruch? Wie gesagt, dazu hätte man ja mal eine Landkarte in die Hand nehmen müssen. Aber wozu auch, Keiluweits Aussage, Hitler hätte mit der ganzen Sache nichts zu tun, paßte ohnehin nicht in die Theorie. Zudem hatte Keiluweit erklärt, Gustav Wyst sei zwar beim Transport dabei gewesen, jedoch keineswegs in verantwortlicher Position.

Für Enke dagegen stand fest: Wyst war es, der "das Sicherheitskommando für den Transport des Bernsteinzimmers"[23] angeführt hatte.

Wyst entsprach in der Tat besser Enkes Vorstellungen vom "faschistischem Kunsträuber" als Erwin Keiluweit. Er war seiner Auffassung nach SS–Mann und somit ein Hitlergetreuer, außerdem ein Freund des Nazigauleiters Koch.

Und mit dem, was Keiluweit zu Protokoll gab, beziehungsweise was er erzählte, Protokolle unterschrieb er ja nie, konnte Enke eben nicht viel anfangen. Das war für ihn historischer Unsinn. Das würde ja auch heißen, das Bernsteinzimmer gehöre nicht der Sowjetunion. Damit wäre seine Mission schon zu Ende, bevor sie angefangen hatte, denn für das private Kunstwerk irgendeines Adligen würde die Stasi weder Zeit noch Mühe verschwenden.

Schließlich erinnerte sich Wyst junior auch an eine mögliche SS–Vergangenheit seines Vaters und sogar an den Funkspruch "Bernsteinzimmer in BSCH eingelagert", den ich aber in den Akten "Puschkin" nirgendwo so fand. Ich las nur aus Briefen Rudolf Wysts vom Bunker "BIII" in Königsberg.

Die Akten zeichnen auch ein etwas anderes Bild von Gustav Wyst, als Enkes "Bernsteinzimmer–Report" es suggeriert.

Interessant an dem, was Wyst junior über seinen Vater erzählt, war nicht in erster Linie der mysteriöse Funkspruch – an den exakt sich zu erinnern dem jungen Rudolf ohnehin schwergefallen sein dürfte. Er war gerade 13 Jahre alt, als er die Papiere seines Vaters fand. Viel aufschlußreicher sind die Erlebnisse des neunjährigen Knaben, die von Enke in seinem Report unterschlagen wurden. Er hat Erinnerungen an diese Zeit zu Protokoll gegeben, die sich einem Kind sicher eher einprägten als papierne Texte.

So erzählt er von seltsamen Aufträgen, mit denen der Vater den damals Neunjährigen 1946 in Schlema und nach ihrem Umzug auch in Elsterberg im Vogtland betraute: "Ich mußte fast jede Woche zu einem Reformhaus in der Hauptstraße, das im Schaufenster Tauschangebote aushing. Diese wurden nach einer Woche immer wieder entfernt. Der von meinem Vater ausgehangene Text war sinngemäß immer gleich: 'Biete Fleisch und Fett, suche Brot und Nährmittel!' – das alles unter Chiffre. Die Briefe habe ich dann abgeholt. – "Wir hatten aber nie Fleisch oder Fett da!"

Daran erinnert sich ein Junge aus der Nachkriegszeit ganz gewiß. Offenbar übermittelte der Vater verschlüsselte Botschaften, die auch beantwortet wurden.

Hatten sie mit dem veschwundenen Bernsteinzimmer zu tun? Bestehen hier Zusammenhänge mit den ungeklärten Geschehnissen um Dr. Rohde, der ja auch erst relativ spät von seinen Aufgaben getrennt wurde. Wobei das eine ja das andere nicht ausschließt?

Denkbar wäre es durchaus. Wyst senior arbeitete damals beim Flurschutz, einer Art Vorläufer–Organisation der Polizei. Diese Tätigkeit hätte es einem Gustav Wyst auch ermöglicht, das Versteck des Bernsteinzimmers regelmäßig zu kontrollieren...

Eindruck haben beim kleinen Wyst auch die Uniformen seines Vaters aus den letzten Kriegsjahren hinterlassen. Rudolf wußte noch, daß es einige waren und noch dazu sehr unterschiedliche: "Im einzelnen handelte es sich um die Uniform eines politischen Leiters ('Goldfasan'), um eine schwarze Uniform mit vier Sternen auf einem Kragenspiegel und zwei SS–Runen auf dem anderen, um die Uniform des Postschutzes und um eine graue Uniform, wie Luft oder Flak."[24]

Doch Wyst meldete sich im Februar 1945, nach seiner Ankunft aus Königsberg, in Crimmitschau mit Wehrpaß an. Das heißt, er galt als entlassener Wehrmachtsangehöriger.

Wohin gehörte also der Mann mit den vielen verschiedenen Uniformen, die ganz offensichtlich völlig unterschiedlichen Einrichtungen des Dritten Reichs zuzuordnen waren und den Enke dem internen Spitzeldienst der SS und Gauleiter Koch zuordnete? Also einem Geheimdienst.

Privatgeheimdienst von Gauleiter Koch? Völliger Unsinn. Gestapo, SD? Alles dem Himmlerschen Polizeidienst zuzuordnen.

Und die militärische Abwehr, dem Geheimdienst der Wehrmacht?

Nach der Erinnerung des Rudolf Wyst gab es da den Ausweis des Vaters, von Himmler unterschrieben. Ein letztes Dokument anscheinend gültig bis 1945. Also doch Himmlers SS?

Aber die militärische Abwehr, das Amt Ausland/Abwehr des

Admirals Canaris, ist 1944 ebenfalls Himmler unterstellt worden. Zumindest administrative Teile der Abteilungen I und II als Amt Mil.

Und Keiluweit behauptet, er war Abwehroffizier, ehemaliger Angehöriger des Regiments "Kurfürst". Von den Stasibefragern auch deshalb als unglaubwürdig eingestuft, weil der Befrager, der Keiluweit zuerst in der Mangel hatte, nach "intensiven" Recherchen berichten mußte: "K. behauptet, ehemaliger Angehöriger einer Einheit 'Nebelfürst' oder 'Nobelfürst' gewesen zu sein, und nach Nachfragen im Militärmuseum Potsdam gab es eine Einheit mit ähnlichem Namen in gesamten deutschen Heer nicht."

Irren ist menschlich. Das Regiment "Kurfürst", um das es sich zweifelsfrei handelt, war ein Truppenteil der Division "Brandenburg" und gehörte zum Amt Ausland/Abwehr. Zumindest bis Herbst 1944. Danach hat man diese Leute den Jagdkommandos der Waffen–SS unterstellt.

Wyst junior weiß aber noch mehr Seltsamkeiten über seinen Vater zu berichten. Der Stasi erzählte er noch: "Es fällt mir auch ein Satz ein, den er (sein Vater, d. A.) einmal zu einem anderen Uniformierten gesagt hatte: 'Ich habe zu meinen Litauern jetzt noch richtige Russen bekommen'."

Sollte Kochs 'Mädchen für alles' Litauer und Russen kommandiert haben? Dann allerdings käme wieder die Abwehr und "Brandenburg" in Betracht, denn die hatten besonders seit 1943 solche "Ausländer" in ihren Einsatzkommandos.

Enke und Wermusch haben dem offenbar so wenig Bedeutung beigemessen, daß man diese Erlebnisse von Wyst junior in ihren Büchern vergeblich sucht.

Und noch etwas fehlt, eine Erklärung für den Umzug der Familie Wyst 1947 von Schlema nach Elsterberg im Vogtland. Es habe sich um einen Ringtausch gehandelt, schreibt Enke. Man fragt sich, wie dies in einer wahrlich wohnungsarmen Zeit zu bewerkstelligen war; von einem Umsiedler, der beim Flurschutz arbeitete.

In Elsterberg, so ist den Akten an anderer Stelle weiter zu

entnehmen, lebte damals die Familie von Alfred Popp, der sich zu dieser Zeit in amerikanischer Gefangenschaft befand.

Und mehr noch. Rudolf erzählte der Stasi: "Im Frühjahr 1947 tauchte plötzlich mein Onkel Köhler bei uns auf, obwohl er unsere Adresse nicht kennen konnte: Er muß kurz vor Pfingsten noch einmal dagewesen sein, dann habe ich ihn bis heute nicht wiedergesehen. Im Juni 1947 verzogen wir nach Elsterberg."

Onkel Köhler? Nicht etwa Onkel Hermann oder Onkel Franz. Einem Major Köhler will auch Keiluweit den Transport übergeben haben!

In den Akten des MfS finden sich aber auch noch ganz andere interessante Berichte und Geschichten. Aus ihnen gehen unter anderem auch einige Beweggründe hervor, deretwegen dann im Gebiet um Aue Grabungen und Untersuchungen von alten Bergwerken stattfanden.

Eine dieser Geschichten war übrigens besonders typisch für die Arbeit der Stasischatzsucher: So fand in den siebziger Jahren im Raum Aue eine Historikerkonferenz statt, zu der auch Zeitzeugen und Hobbyforscher geladen wurden. Unter anderem kam eine Dame zu Wort, die ihre Erlebnisse vom April 1945 erzählte.

Sie lebte in der ersten Aprildekade des Jahres 1945 mit ihren Eltern in Aue auf dem sogenannten "Bechergut". Dieses Gut war früher eine Herberge für Fuhrleute und zu dem genannten Zeitraum eine Gaststätte mit Saal. Dort erschienen plötzlich eine Menge Offiziere und Soldaten von SS und Wehrmacht, auch ein hoher Wlassow–Offizier soll dabei gewesen sein; die verlangten, daß die Bewohner des Gutes sich sofort in die obere Wohnung zu begeben hatten. Man verbot ihnen aus dem Fenster zu schauen – mit der Drohung, sie sonst zu erschießen.

Die Tür zu einem dem Bechergut gegenüberliegenden Mundloch der "Weißen Erde Zeche" wurde geöffnet und bewacht. Dann entfaltete sich ein reger Fahrzeugverkehr. Lastkraftwagen mit Kleidung des Winterhilfswerks wurden entladen und die Sachen in den Saal gebracht. Die ganze Nacht über kamen Fahrzeuge und fuhren wieder weg. Am nächsten Morgen war der ganze Spuk vorüber und das Mundloch zugeschüttet. Die Sachen, die in den Saal geschleppt wurden, waren auch verschwunden.

Diese Geschichte nahmen Enke und Co. zum Anlaß, in der "Weißen Erde Zeche" nach dem Bernsteinzimmer zu suchen, denn sie gingen davon aus, daß es sich bei den Ereignissen um die Verbringung von Kunstschätzen handelte. Man fand aber bekanntlich nichts.

Wermusch schreibt über die Suche nach dem Schatz in der "Weißen–Erde–Zeche" nur, daß sich Enke doch besser hätte erkundigen müssen, dann wäre ihm nicht entgangen, daß dieses Bergwerk schon viele Jahre eher verschüttet worden war.

Von den eigentlichen Beweggründen Enkes schreibt er nichts. Keiner der beiden Herren erwähnt in seinem Buch, daß die Gechehnisse auf dem Bechergut eine Ursache für das Öffnen des Schachtes waren.

Warum eigentlich nicht? Was hat denn nun in der ersten Aprildekade 1945 auf dem Auer "Bechergut" stattgefunden?

Auf jeden Fall eine Aktion von Militärs, deren mutmaßlicher Zweck eine Absetzbewegung, bzw. ein Umkleiden, einer größeren Anzahl von Personen war.

Vielleicht das Umkleiden der 500 Männer der russischen Nationalarmee, die bekanntlich am 2. Mai in Liechtenstein Asyl bekamen, nachdem sie sich über die Tschechei und Österreich abgesetzt hatten; unter Führung des Generals Holmston–Smyslowski und auf Weisung des Generals Gehlen. Mit starker Unterstützung des Schweizer Roten Kreuzes, dessen Präsident hat die Angehörigen dieser "Nationalarmee" in Liechtenstein sogar persönlich begrüßt.

Auf keinen Fall hat es sich um die Verbergung von Kunstschätzen gehandelt, denn man versteckt vor so vielen Zuschauern keine Geheimnisse.

Entscheidend ist aber die Frage: "Warum gerade hier?" Ist keiner der beiden "Historiker" auf den eigentlichen Sinn dieser Aktion gekommen, oder paßte diese Geschichte wieder mal nicht in das Puzzle um Koch, Wyst, Popp und den sächsischen Gauleiter Mutschmann?

Dokumentarfilme...?

Die Journalisten sind die Geburtshelfer und die Totengräber der Zeit.
(K. Gutzkow)

Das Verschwinden des Bernsteinzimmers hat nicht nur das MfS über Jahrzehnte beschäftigt. Auch Filmemacher und Journalisten versuchten, das Rätsel zu lösen. Da wäre zunächst der Film: "Die Suche nach dem Bernsteinzimmer: Vermutungen über den Verbleib eines verschollenen Kunstwerks." Er wurde im Frühjahr 1987 von Peter Gehrig gedreht und nach dem Tod des Hobbyforschers Georg Stein im Fernsehen gezeigt. Er kommt in diesem Streifen selbst zu Wort. Über eine Verbringung des Bernsteinzimmers in die USA, so die Auffassung Wermuschs in seinem Buch, verliert Stein allerdings kein Wort. Statt dessen spricht er von "einer wildromantischen Ruine Falkenstein".

Gehrig begibt sich auf die Spur – er stößt auf fünf mögliche Falkensteins, eines davon liegt im Sächsischen, ein weiteres im Harz bei Quedlinburg. Erinnert man sich an den Briefverkehr zwischen Enke und Stein, könnte man schlußfolgern, daß Stein seine Vermutungen über eines dieser Falkensteins dem Enke mitteilen wollte. Hatte er ihn deshalb um ein DDR–Visum gebeten? Wollte er in diesen Burgen seine Nachforschungn ergänzen? Möglich wäre es, denn auf der Harzer Burg Falkenstein spielten sich 1991 seltsame Dinge ab. Eine Geschichte, die mit Steins Recherchen durchaus zu tun haben könnte.

Bei der Vorbereitung von Instandsetzungsarbeiten in der Burg stießen die neu eingesetzten Burgverwalter auf einen Hohlraum zwischen Kapellendecke und dem Fußboden des darüber befindlichen Raumes. Dieser ca. 1,5 m hohe Raum war entstanden, als man vor über 200 Jahren die Kapelle als Anbau errichtete und den Fußboden des darüber befindlichen Raumes der Höhe der Etage im alten Teil der Burg anpaßte.

In diesem Hohlraum fand man eine große Anzahl von Kunstgegenständen, alte Rüstungen, Waffen, Geschirr und andere Dinge.

Diese Gegenstände hatte 1945 die Familie des damaligen Besitzers der Burg versteckt, um sie dem Zugriff der neuen Machthaber zu entziehen. Was auch fast gelang, denn die Überlebenden der Familie konnten 46 Jahre danach ihren Schatz wieder in Augenschein nehmen und die Rückgabe beantragen.

Bei einem dieser Besuche erwähnte der Graf Rotkirch von der Asseburg, ein Bruder des ehemaligen Schloßherrn, daß im April 1945 Akten des Auswärtigen Amtes zeitweilig in der Burg lagerten. Die Amerikaner hätten sie, kurz bevor dieses Gebiet zur sowjetischen Besatzungszone wurde, abtransportiert. Nach Marburg. Genau wie die Särge der Preußenkönige Friedrich I. und II. und des Ehepaars Hindenburg, die sich in einem Schacht in der Nähe der Burg Falkenstein befanden.[25]

War das die Spur, die Stein zuletzt verfolgte? Dazu passen würde es, zumal Stein vor der Kamera auch Mutmaßungen darüber anstellte, wer das Bernsteinzimmer so rätselhaft verschwinden ließ: Er glaubte, es sei mit dem Rühle-Transport unterwegs gewesen. Und der wurde, so fand Stein heraus, von Offizieren des Oberkommandos des Heeres begleitet, die vor 1914 am Zarenhof gelebt haben.

Stein schlußfolgerte: "Möglich wäre auch, daß sich die Erben der russischen Zarenfamilie, der Romanows, das Bernsteinzimmer aneignen wollten."

Das ist eine ganz andere Richtung, als sie Enke je in Betracht zog. Sein Hauptverdächtiger war Hitler. Nahezu verbissen fahndete er nach einem entsprechenden Befehl: "Da es sich beim Bernsteinzimmer um ein Objekt gehandelt hat, für das Hitler sich die persönlichen Verfügungsrechte vorbehalten hatte ...", konstatieren die Stasi-Sucher noch 1988.[26]

Doch wo auch immer Enke und seine Nachfolger die Archive durchforsteten, es fand sich kein einziger Hinweis auf

Hitlers Eingreifen in Sachen Bernsteinzimmer. Ganz im Gegenteil, zu dem Zeitpunkt, als das Bernsteinzimmer möglicherweise aus Ostpreußen herausgeschafft wurde, hielt sich Hitler zur Führung der militärisch sinnlosen Ardennen–Offensive im Hauptquartier West auf. Zufall oder Absicht? Trotzdem schlußfolgerte Enke kühn, Hitler müsse die Genehmigung zum Abtransport eben "nachträglich" erteilt haben.

Wir erinnern uns: Verpackt und aus Zarskoje Selo weggefahren, wurde das Bernsteinzimmer von Wehrmachtsangehörigen – dem adligen Kunstschutzoffizier Rittmeister der Reserve Dr. Ernst Otto Graf zu Solms–Laubach und dem Hauptmann Dr. Georg Poensgen vom Oberkommando der Wehrmacht. Der Rittmeister war übrigens ein Nachkomme des Preußischen Gesandten am Zarenhof, Victor Friedrich Graf von Solms–Sonnenwalde, zu Zeiten von Katharina II.

Nicht zuletzt deshalb suchte Stein in Kreisen früherer Wehrmachtsangehöriger und bei Erben der Romanows nach Spuren des Bernsteinzimmers. "Wie heißen die zwei Adelsfamilien ...?", fragt Steins Sohn im Film seinen Vater. Und genau an der Stelle bricht der Filmbericht über Stein ab. Ja, wie heißen sie denn nun?

Wilhelm, Louis–Ferdinand, Georg von Europa? Vielleicht auch Wladimir oder Kira von Preußen? Kaum glaublich, daß sich einige dieser Herrschaften persönlich um den Verbleib des Bernsteinzimmers kümmern konnten oder gekümmert haben. Wenn ja, muß es Leute gegeben haben, die das für sie erledigten.

Für Deutschland hieße das, mindestens eine Person des Preußenhauses, der Häuser Hessen–Darmstadt oder Sachsen–Coburg–Gotha mußte da seine Finger im Spiel gehabt haben.

Da beispielsweise Wilhelm II., der letzte deutsche Kaiser, 1941 im Exil verstorben war, rückte der 1882 geborene Kronprinz Wilhelm zum Familienoberhaupt auf. Der wiederum war ein persönlicher Freund des im gleichen Jahr geborenen amerikanischen Präsidenten Roosevelt, mit dem er einige Jahre die Banken amerikanischer Universitäten gedrückt hatte. Er war auch Offizier der deutschen Wehrmacht. Hatte er damit etwas zu tun? Neben den Ruinen und Burgen um Falkenstein recherchierte Filmautor Gehrig auch in der Burg Lauenstein. Hier, in Oberfranken zwischen Thüringer Wald und Fichtelgebirge, lebte zwischen Februar und Juni 1944 ein prominenter "Ehrenhäftling": der ehemalige Chef des Amtes Ausland/Abwehr beim Oberkommando der Wehrmacht, Admiral Wilhelm Canaris. Hitler hatte ihn entlassen. Himmler und seinem SD–Chef Kaltenbrunner war es gelungen, den militärischen Geheimdienst unter ihr Kommando zu bekommen.

Bis Kriegsende war die abgelegene Burg Quartier verschiedener Dienststellen der Abwehr, die allen Grund hatten, ihre Arbeit geheimzuhalten. Sie stellten das unvermeidliche Zubehör für den Geheimdienst her: falsche Pässe, Geheimtinten, Falschgeld und so weiter.

Gehrigs Recherchen ergaben, daß kurz vor Kriegsende auch russische Soldaten in Lauenstein zu Gast waren. Sie gehörten zur Ersten Russischen Nationalarmee des Generals Holmston–Smyslowski, die dann nach Liechtenstein gingen.

Deutsche Grenzer ließen die 500 Soldaten am 2. Mai 1945 passieren. Sie entgingen so der drohenden Auslieferung an Stalin. Angeboten hatte der Fürst von Liechtenstein dieses Asyl. Organisiert hatte den Abmarsch der General Gehlen, ein führender Offizier im Oberkommando der Wehrmacht. Konkret in der Abteilung "Fremde Heere Ost", die für den Einsatz der ausländischen Hilfswilligen zuständig war.

Gehlen soll im April 1945 auch von Hitler entlassen worden sein. Er ist mit einem Berg Unterlagen zu den Amerikanern übergelaufen. So zumindest berichtet es Herr Abshagen in seinem Buch "Canaris". Nicht erwähnt hat Herr Abshagen, daß General Gehlen mit seiner "Organisation Gehlen", die er nach Kriegsende mit Unterstützung der Amerikaner gründete, 1956 von der Bundesregierung Deutschland verbeamtet wurde und seine Organisation den Kern für den Bundesnachrichtendienst bildete, dessen Chef Gehlen dann einige Jahre war.

Hatten die Russen in Burg Lauenstein auf das Bernsteinzimmer gewartet? Wollten sie es aus Deutschland herausbringen und denen übergeben, denen es vielleicht ihrer Meinung nach rechtmäßig zustand – den Erben der Romanows? Filmemacher Gehrig deutet diese Möglichkeit an.

Sollten das etwa die Verbindungen sein, die Albert Popp im April 1945 in die Lage versetzte, Kunstgüter in Weimar mit Fahrzeugen des Schweizer Roten Kreuzes abzutransportieren? Inklusive freigekaufter Häftlinge aus Buchenwald?

"Das Ende einer Legende", vom Norddeutschen Rundfunk im Dezember 1990 ausgestrahlt, ist ein weiterer Film, der sich mit dem Bernsteinzimmer befaßt.

Der Münchner Filmemacher Remy hatte über den Baron Falz–Fein, der uns schon als Förderer des Bernsteinzimmer–Forschers Georg Stein begegnet ist, Zugang zu russischen Archiven erhalten.

In der Moskauer Lenin–Bibliothek wird Remy fündig. Er stößt auf das Tagebuch des Professors Brjussow und identifiziert ihn als denselben Mann, der in Königsberg mit Dr. Rohde nach verschollenem Kunstgut fahndete. Oberst Brjussow, Mitglied von Stalins Trophäenkommission und Wissenschaftler am Historischen Museum Moskaus, enthüllt in seinem Tagebuch ein – wie Remy glaubt – "tragisches Geheimnis".

Am 10. Juni 1945 nämlich soll Brjussow notiert haben: "Die Ausgrabungen im Schloß wurden schon vor meiner Ankunft begonnen. Man suchte nach dem Bernsteinzimmer von Zarskoje Selo."

An der Stelle begann ich schon zu stutzen: Wieso schreibt ein Beauftragter Stalins, ein Offizier und Professor der Sowjetunion: "... Bernsteinzimmer von Zarskoje Selo"? Der Ort hieß seit der Revolution Puschkin. Zarentreue wurde zu Stalins Zeiten nicht besonders freundlich belohnt. Auch nicht, wenn sie nur in einem Tagebuch stand, das bei den Jungs der Tscheka (später KGB) bestimmt Interesse erweckt hätte.

Weiter aber aus dem angeblichen Tagebuch: "Rohde erklärt, daß sich das Zimmer im Nordflügel befand, im großen Saal, zusammen mit dem Mobiliar der Gräfin Keyserling. Die Untersuchung des großen Saals zeigte leider, daß sowohl das Mobilar der Gräfin als auch das Bernsteinzimmer verbrannt waren."

Und weiter zitiert Remy aus Brjussow Tagebuch: "Wir fanden Scharniere der Türen des Bernsteinzimmers, Eisenplatten mit Schrauben, mit denen die Teile des Zimmers an den Kistenwänden befestigt waren, sowie verkohlte Reste des Bersteinzimmers. Das läßt darauf schließen, daß das Bernsteinzimmer nicht mehr existiert. Wahrscheinlich war der von unseren Soldaten entfachte Brand Grund dafür."

Was Remy als sensationelle Enthüllung verkauft, erweist sich bei näherem Hinschauen als sehr wenig stichhaltig. Die Entdeckung von verkohlten Resten des Bernsteinzimmers kommt demselben Wunder gleich, das schon Frau Amm erlebte. Nur sah sie es im Keller des Schlosses schon am 30. August 1944, Brjussow im Saal desselben Gebäudes fast ein Jahr später.

Bernstein kommt von "börnen", brennen. Es verbrennt schon bei relativ niedrigen Temperaturen mit heller Flamme. Zurück bleibt eine schwarz–grüne Asche und keine verkohlten Reste.

Aber erinnern wir uns an die Geschichte um das Verwirrspiel des Dr. Rohde in Königsberg, so fällt auf, daß diese Geschichte wieder haargenau dort hineinpassen würde. Wieso sollte Dr. Rohde die Russen in dem Glauben gelassen haben, das Zimmer wäre noch im Schloß aufgebaut gewesen und sei durch russische Soldaten vernichtet worden, obwohl er schon 1944 die Täfelung hatte abbauen lassen bzw. daß sie ja bereits bei den britischen Luftangriffen verbrannt war?

Außerdem gibt es doch da noch die Behauptung: "Rohde hat bereitwillig mit den Russen zusammengearbeitet, das Bernsteinzimmer hatte er mit keinem Wort erwähnt."

Also, entweder oder? Wenn das Tagebuch keine Fälschung ist, dann hat Brjussow 1945 gelogen. Welchen Grund sollte er dafür gehabt haben? Oder ist die Auslegung der Tagebuchnotizen durch Remy falsch?

Hat der Russe in seinem Tagebuch die Geschichte noch anders beschrieben? Vielleicht hat er es nur zu dem Zeitpunkt 1945 so gesehen. Tagebücher schreibt man ja bekanntlich unmittelbar zum Zeitpunkt des Geschehens. Korrekturen zu den momentanen Erkenntnissen folgen einige Seiten, wenn nicht sogar Bände, später. Gibt es die nicht oder hat sie uns Remy vorenthalten? Vielleicht weiß er es nicht besser, weil seine Russischkenntnisse möglicherweise nicht ausreichten?

Spätestens seit meinem ersten offiziellen Treffen mit verantwortlichen Persönlichkeiten der sächsischen Ämter weiß ich, daß es noch eine Erklärung für Remys "Alles–Verbrannt–Variante" gibt: Die Politik, oder sagen wir mal so – "diplomatische Notwendigkeiten". Denn: Was verbrannt ist, existiert nicht mehr – was nicht mehr existiert, konnte man nicht stehlen – was man nicht stehlen konnte, kann man also nicht haben – demzufolge auch nicht zurückgeben – somit sind Forderungen diesbezüglich, trotz Achtung des internationalen Ranges, unsinnig.

Ich wertete diese Tagebuchaufzeichnungen zu dem Zeitpunkt, als ich von ihnen erfuhr, als weiteres Indiz für das Verwirrspiel des Dr. Rohde. Warum sollte er ausgerechnet dem Herrn Brjussow die Wahrheit sagen? Wenn er es getan hätte, dann wäre alles andere, was vorher geschah, umsonst gewesen.

Also mußte Rohde so handeln, und Brjussow hat es möglicherweise geglaubt. Wie sollte man sonst solch mysteriöse Tagebucheintragungen werten?

Daß die Legende keineswegs tot ist, meinen auch die ZDF–Filmemacher Ulrich Lenze und Nina Steinhauser in ihrem Streifen "Die Jagd nach dem Bernsteinzimmer" von 1994:

"Wir sind davon überzeugt, daß das Wunder existiert. An einem geheimen Ort. Ein Polit–Thriller ohne Ende, der den heißen und den kalten Krieg überlebt hat."

Auch ihnen scheint plausibel, daß der Verbringungsort des Bernsteinzimmers geheim bleiben soll, auch sie sehen Widersprüche in Rohdes Angaben, auch sie bezeichnen seinen plötzlichen Tod als seltsam. Mehr noch, sie meinen zu wissen, daß sich unter Rohdes Grabplatte in Königsberg keine Leiche befindet...

Auch nach dem angeblichen Selbstmord des Georg Stein fragten die Autoren. Steins Krankenakte ist angeblich nicht mehr auffindbar. Fehlanzeige auch bei dem Versuch, die Unterlagen über die polizeilichen Ermittlungen nach seinem grausamen Tod aufzuspüren.

Ein Versuch von Reinhard Borgmann, etwas Licht in diese Angelegenheit zu bringen, scheitert übrigens ebenfalls an dem Nichtvorhandensein der Akten Stein.

Der Herbst '94

Wenn zwei das gleiche tun,

ist es noch lange nicht dasselbe. (Sprichwort)

Als sich 1990 der "Kalte Krieg" seinem Ende zu neigte und "Genosse Gorbatschow" seinem Riesenvolk und deren Randbewohnern eine Freiheit bescherte, mit der viele der "Befreiten" nichts anzufangen wußten, traf es auch Horst Schmidt hart.

Er, der bis dato uneingeschränkte Herrscher des Kreises D., der 'Partisan', wie ihn seine Vorgesetzten nannten, war mit einem Mal flüssiger als Wasser, war überflüssig geworden. Viel schlimmer noch, er wurde gemieden, selbst von einigen seiner angeblich besten Freunde. Man zeigte mit dem Finger auf ihn. Das schlimmste für ihn war, er hatte keine vernünftige Erklärung dafür. Ihm war nicht klar, warum man von ihm nichts mehr wissen wollte.

Als Begründung kam für ihn nur in Frage, daß seine ehemaligen Mitkämpfer durchweg von gegnerischen Geheimdiensten gekauft waren. Anders konnte er sich die neue Situation nicht erklären. Er fühlte sich bis zu seinem Tod im Juli 1995 noch im Recht. Er, der einzige, der richtig gehandelt hatte und noch immer richtig handelt, wird es allen zeigen.

Sein Ziel war es, das unvollendete Werk Enkes zu Ende zu führen. Schließlich war er persönlich mit ihm in Kriebstein und anderen Orten gewesen, hatte in Enkes Auftrag Waldheimer Insassen durchleuchtet und sein Freund Karl war ja auch noch da.

Mit ihm hatte er Ende der achtziger Jahre seine Idee verwirklicht, Hunde zur Suche nach Bernstein abzurichten. Diese Hunde kamen im Jonastal und im Schloß Reinhardsbrunn sogar einmal zum Einsatz, allerdings ohne Erfolg. Aber, sie lebten noch. Hier sah er eine Möglichkeit, weiterzumachen, denn er hatte viel Zeit.

Die Geschichte mit den Hunden ist allein schon ein paar Zeilen Wert, auch auf die Gefahr hin, daß ich etwas vom Thema abkomme.

In den achtziger Jahren ergab sich, daß die offiziellen Bernsteinzimmersucher in mehreren Schlössern und möglichen Kunstdepots auch des Kreises D. suchen mußten. In der Hierarchie der Stasi mußte sich der im Ministerium angebundene Mitarbeiter an die jeweils zuständge Kreisdienststelle der Stasi wenden und deren Unterstützung fordern.

Das heißt, in unserem Fall mußte der Oberstleutnant Enke sich an den Oberstleutnant Schmidt wenden, um seine Unterstützung bei der Suche in Objekten des Kreises D. zu erhalten. Und das war für manche dieser kleinen Könige ein gefundenes Fressen, denn hier konnten sie ihre beschränkte Macht ausspielen, frei nach dem Motto: 'Besser ein großer Kleiner – als ein kleiner Großer!'

Außerdem könnte die positive Bemerkung eines Mitarbeiters der übergeordneten Dienststelle an der richtigen Stelle karrierefördernd sein. Schon ganz und gar, wenn der Hilfeerwartende ein Mann des Übervaters der Stasi, Erich Mielke, war und der Hilfegebende seine Karriere nicht auf gediegene Ausbildung und Fähigkeiten aufbaute, sondern auf Treue zur Sache.

Also mußte etwas Besonderes her, was alle Zweifler an der Fähigkeit des kleinen Großen hinwegfegte. Das Besondere im Fall Enke/Schmidt war, daß man mit möglichst geringem technischen und finanziellen Aufwand Hinweise auf ein mögliches Versteck bekommen könnte. Und wer ist für solche Aufgaben besser geeignet als ein Hund? Die Idee ist genial, besonders wenn man weiß, daß Bernstein tatsächlich riecht.

Die Mitarbeiter der Bernsteinmanufaktur in München haben bestätigt, daß sie als Menschen mit sechzehnfach geringerem Geruchsvermögen als Hunde sogar in der Lage sind, Bernstein am Geruch zu unterscheiden. Diesen biologisch – chemischen Vorteil hatten die Schmidtschen Männer genutzt und zwei Hunde auf den Geruch von Bernstein abgerichtet.

Für das Training der beiden Bernsteinschnüffler mußte sogar eine Brosche der Sekretärin des Dienststellenleiters Schmidt geopfert werden. Mit einem Hammer in Stücke geschlagen, wurde sie für Übungszwecke im Wald vergraben. Und erstaunlicherweise haben die gelehrigen Vierbeiner die Splitter des Sekretärinnenschatzes gefunden. Schade nur, daß das Schmuckstück nun nicht mehr original vorhanden ist. Aber die Vorführung hatte zumindest die Obrigen des Oberstleutnant Schmidt überzeugt, dem Projekt 'Hunde suchen Bernsteinzimmer' grünes Licht zu geben.

Leider konnten die Fähigkeiten der Hunde nicht ausgeschöpft werden, denn an den Stellen, an denen man sich Erfolg erhoffte, war bis 1989 dieser gleich null.

Das hatte Schmidt aber nicht entmutigt. Beseelt von seiner Idee, ging er den Spuren Enkes nach, weil dieser überzeugt davon war, daß das Bernsteinzimmer in Mitteldeutschland verborgen wurde "... und zu 90% liegt es im Raum Aue". Woher Enke diese Sicherheit nahm, konnte Schmidt nicht sagen, ihm waren logische Zusammenhängen nicht so wichtig wie ideologische Verbohrtheit.

Wyst hatte sich in der Gegend niedergelassen, und das war Grund genug. Die Frage, warum sich diese Leute ausgerechnet das Erzgebirge für ihr mögliches Versteckspiel ausgesucht haben sollten, beantwortete er mit dem Oberbegriff: "Mutschmann".

Mutschmann war bekanntlich der Gauleiter von Sachsen und ein Onkel Albert Popps. Er hatte auch ein in dieser Gegend bekanntes Haus sein eigen genannt.

Zu Beginn meiner Bekanntschaft mit Schmidt hatte ich versucht, ihn in eine Diskussion über die Rolle Adolf Hitlers und seiner Vasallen in der Zeit des Faschismus in Deutschland einzubeziehen, aber das schlug fehl. Alles, was zwischen 1933 und 1945 in Deutschland passierte, war für ihn Hitler. Hitler hat den Krieg gemacht, er hat Autobahnen gebaut und Kunstwerke geraubt. Er hat Konzentrationslager errichtet und deren Häftlinge ermordet.

Die Möglichkeit, daß neben diesem Herrn auch noch andere aktiv waren, um ihr Schäfchen ins Trockene zu bringen, räumt er gar nicht ein. Er war nicht einmal davon zu überzeugen, daß auch ein Diktator wie Hitler nicht alles, was in seinem Staat passierte, wissen und entscheiden konnte. Eine typische Haltung, die auch bei Enke und seinen Leuten Vorrang hatte. Selbst gegenüber Hinweisen aus Literatur und Filmen, die ich ihm zeigen wollte, war er total verschlossen. "Alles Lügen und Propaganda im Zug der Konterrevolution!" Er meinte damit die Wende 1989/90.

Schmidt hat – wie auch Enke Jahre zuvor – einige Fakten gesammelt, mit denen er im Endeffekt nichts Rechtes anzufangen wußte. Diese Fakten oder Indizien hätten bei objektiverer Betrachtung in das Puzzle gepaßt, wenn ... ja, wenn die Herren des Staatssicherheitsdienstes, die mit diesem Thema befaßt waren, ihren ideologischen Festpunkt einmal verlassen hätten.

Aber selbst nach ihrem großen Niedergang im Jahre 1990 waren und sind viele dieser Herren nicht bereit, zu erkennen, wo denn nun ihr eigentlicher Fehler lag. Teilweise sind sie nicht einmal bereit einzugestehen, daß ihre Aktivitäten überhaupt ein Fehler waren.

Was immer Herrn Horst Schmidt im Mai 1994 dazu bewogen hat, unsere Hilfe zu erbitten, vielleicht war es ein Zufall, vielleicht auch nicht, es war aber die Ursache dafür, daß ich mich mit dem Bernsteinzimmer befaßte.

Ein alter Wasserbehälter sollte es sein, der für ihn wichtig war; ein Schloß, das bezeichnenderweise "Wolfsbrunn" hieß (alles, was mit Hitler zu tun hatte, hieß Wolfs..., z.B. Wolfs– schanze usw.); alte Bunker und ein Pferdestall, der für ihn keiner war, spielten dabei eine Rolle. In diesem sogenannten Pferdestall soll die SS, so Schmidts Behauptung, Häftlinge angekettet haben. Die SS im allgemeinen und überhaupt...!!

Und dann gab es da noch eine Inschrift in einem Baum, die auf Enkes sagenumwobenes BSCH hinweisen soll. Und etwa fünfzig Meter oberhalb eines Denkmals für 83 ermordete KZ–Häftlinge und 18 Sowjetsoldaten sei eine Bodensenkung, die auf ein Versteck hinweisen könnte usw...

Aber geht man in Ruhe diesem Wirrwar an möglichen Argumenten nach, so trifft man immer wieder auf das gleiche Phänomen: Tatsachen werden mit Wunschdenken verbunden. Alte Eisenteile im Wald und die Nähe eines möglichen Aufenthaltsortes des sächsischen Gauleiters galten als Argument, um nach dem Bernsteinzimmer zu graben.

Enke zum Beispiel war dem Verdacht, im 'Osterlammstollen' könnte die SS das Zimmer unter hundert Toten verscharrt haben, schon einmal nachgegangen. Und im Jahr 1992 westdeutsche Journalisten auch. Das Ergebnis dieser Untersuchungen war eine mysteriöse Bodensenkung, von der Schmidt dachte, sie sei schon 50 Jahre alt.

Wesentlich weniger Augenmerk widmete Schmidt anderen erstaunlichen Erscheinungen. Natürlich wußte er von den 83 erschossenen Häftlingen aus einem KZ in Deutschland. Dort sollen aber zum Beispiel auch 18 ermordete Sowjetsoldaten liegen. Wo kamen die her? Bekanntlich wurde das Gebiet um Aue/Schwarzenberg 1945 von den Alliierten nicht besetzt. Schon gar nicht von Sowjetsoldaten am 14. April 1945, denn zu diesem Zeitpunkt wurden auf dem Sportplatz von Niederschlema durch Nazis 83 KZ–Häftlinge zusammengetrieben, erschossen und am nächsten Morgen von Bauern aus dem Ort mit Gespannen zu einem Schacht des 'Osterlammstollens' transportiert und dort begraben; gemeinsam mit 18 Sowjetsoldaten.

Beteiligt an der Erschießung sollen auch ortsansässige Nazis gewesen sein. Zwei Protokolle, angefertigt am 16. und 21. Mai 1945, sollten über die Geschehnisse etwas Auskunft geben. Leider lassen sie aber nur Raum für Schlußfolgerungen:

Am Samstag, dem 14. April, erhielt der Ortsgruppenleiter der NSDAP Niederschlema, Lothar Müller, durch einen "Zufall", wie er in dem Protokoll von einer diesbezüglichen Befragung durch den Einwohnerausschuß behauptete, Kenntnis davon, daß auf dem Sportplatz von Niederschlema Häftlinge aus einem KZ lagerten.

Als er mit dem Fahrrad dorthin gefahren sei, habe ihm ein Feldwebel der SS gesagt, daß die Leute erschossen werden. Man solle Gespanne zum Transport der dann toten Häftlinge organisieren. Er habe jedoch protestiert und sich an den Volkssturmführer Friedemann gewandt, um ihm das Anliegen zu übermitteln. An der Erschießung habe er nicht teilgenommen. Der Volkssturmführer hätte sich darum gekümmert, daß einige Männer für die Vergrabung der Leichen zur Verfügung standen.

Das zweite Protokoll, angefertigt in der Gendarmerie Oberschlema, war da schon etwas aussagekräftiger. Es handelt sich um die Aussagen des Totenbettmeisters Maier und des Straßenwärters Bär. Sie berichteten, daß sie vom Bürgermeister den Auftrag erhalten hätten, die Leichen der Häftlinge vom Sportplatz zu einem Loch am Kohlweg zu transportieren. Gegen 21.30 Uhr habe man sie geholt, um mit Hilfe von einigen Volkssturmmännern und sechs russischen Kriegsgefangenen aus der Ziegelei diese Aufgabe zu erledigen. Der Bauer Fröhlich und der Knecht vom Bauern Schettler hätten sie dabei mit Pferdegeschirren unterstützt. "Es müssen so 80 Tote gewesen sein, die Toten vom Nachmittag am Kohlweg mitgezählt. Die hatten schon in der Nähe des Lochs am Kohlweg gelegen. Was das für welche waren, konnte man nicht sehen, denn sie waren mit Decken zugedeckt. Am Morgen des 15. April haben wir dann die Toten in dem Loch beerdigt. Am selben Nachmittag hat dann noch Maier 500 m vom Grab entfernt einen toten Häftling gefunden, den er mit Bär an Ort und Stelle vergraben hat."

Dazu gibt es noch die Aussage eines Max Lein, der festgestellt hatte, daß am Morgen des 15. April ein völlig entkräfteter Häftling vor seinem Grundstück in Niederschlema Nr. 72b liegengeblieben war. Er will ihn mit einem Handwagen zum Rathaus Niederschlema transportiert haben. Der

Bürgermeister behauptete aber, er habe damit nichts zu tun und ließ den Volkssturmführer Friedemann holen. Der brachte den Häftling mit Max Lein gemeinsam zum Siegerturm. Als Lein schon am Weggehen war, fielen zwei Schüsse. Dann rief ihn Friedemann zurück, um die Leiche vom Wagen zu heben. Lein stellte fest, daß der Tote ein Loch an der Schläfe hatte. Danach will er mit dem leeren Wagen davongefahren sein.

Zusammengefaßt hat sich also mutmaßlich folgendes abgespielt: Am 14. April 1945 kam ein Troß KZ–Häftlinge aus Richtung Hartenstein auf dem Sportplatz von Niederschlema an. Dort lagerten sie bis in die Abendstunden und wurden dann, von wem auch immer, erschossen.

Am selben Nachmittag hatte man aber am Kohlweg, ca. 1000 m vom Sportplatz entfernt, schon mit Decken abgedeckte Leichen liegen sehen. Ein Häftling hatte die Erschießung überlebt, wurde aber am 15. April gefunden und auch erschossen – vom Volkssturmführer Friedemann. Beim Vergraben der Toten haben dann noch sechs Kriegsgefangene helfen müssen.

Kein Wort von 18 erschossenen Sowjetsoldaten, die aber später in dem Massengrab gefunden wurden. Ein hartnäckiges Gerücht jedoch kreiste noch Jahre später im Ort. Bei den Erschossenen sollen ein paar Tote mit deutschen Uniformen ohne Rangabzeichen gewesen sein, wahrscheinlich desertierte.

Auch deuten die Antworten der Befragten im Protokoll darauf hin, daß sie von den Befragern, deren Fragen leider nicht protokolliert wurden, nach Erkennungsmarken von deutschen Soldaten gefragt wurden, die also möglicherweise bei den Getöteten waren.

Und das alles spielte sich am Abend des Tages ab, an dem General Patton 15 km weiter den Vormarsch seiner Truppen stoppte, um das Gebiet des Kreises Aue/Schwarzenberg zu umgehen. Die Amerikaner waren also schon sehr nah und haben einen so großen Konzentrationsraum deutscher Truppen unbeachtet gelassen. Weil, so nach Stefan Heims Roman

"Schwarzenberg", die Zeichner eines amerikanischen Generalstabes ihre Trennungslinien zwischen den Einheiten willkürlich zogen und dadurch der genannte Raum für Monate ohne Besatzungsmacht war. Davon abgesehen, daß der Roman von Stefan Heim eben nur ein Roman ist, ist mir heute noch unklar, wie man dieser Mär vom unerklärlichen Zufall hat Glauben schenken können – und das noch ein halbes Jahrhundert danach.

Es handelte sich um den schrecklichsten Krieg im 20. Jahrhundert. Millionen Menschen, Zivilisten und Soldaten mußten ihr Leben lassen. Selbst aus Amerika, einem Land, das nicht unmittelbar von den Kriegshandlungen der Deutschen betroffen war, sind Tausende von Soldaten gekommen, um ihr Leben zur Beseitigung des Faschismus zu riskieren.

Und in dieser Situation läßt die amerikanische Truppenführung einen Teil Deutschlands, das Westerzgebirge, so einfach unbesetzt? Sollte der amerikanische General Patton so unvorsichtig dumm gewesen sein, einen derart militärisch brisanten Raum wie ein Mittelgebirge unkontrolliert in seiner südöstlichen Flanke zu lassen?

Der Leser möge mir verzeihen, aber gerade nachdem was ich über das Verhalten der US–Truppen in Deutschland weiß, ist diese seltsame Begebenheit ein so unsinniger Widerspruch, daß ihn nur absolute Träumer und Unbedarfte glauben mögen.

Verschiedene andere Umstände verstärkten aber meinen Verdacht, daß diese eigentlich getrennten Geschehnisse zusammengehörten und nicht zufällig zum gleichen Zeitpunkt stattfanden.

Der Kunstschutzoffizier, der 1941 in Puschkin das Bernsteinzimmer hat abbauen lassen, Graf von und zu Solms–Laubach, war der Besitzer des Schlosses Wildenfels, nur 5 km entfernt von Schlema, auch nur 4 km entfernt vom Schloß Hartenstein, dem Sitz der von Schönburg–Hartensteins. Der Fürst Alexander Schönburg–Hartenstein war der Sohn der Prinzessin Karoline von und zu Liechtenstein. Also ein

Cousin des Fürsten von Liechtenstein, der den auf deutscher Seite kämpfenden Russen Asyl gewährte.

Und in dessen Schloß sollten, laut Aussagen des ehemaligen Mitarbeiters der Königsberger Museumsverwaltung Dr. Strauß Kunstgüter der Universität Königsberg eingelagert werden. Ebenfalls hat die Domkirche zu Zwickau eine größere Anzahl von wertvollen Kunstgegenständen zum Schloß Hartenstein transportieren lassen.

Das Angebot für die Verbringung auf Schloß Hartenstein stammte vom Fürsten Schönburg persönlich. Die Transporte sind zuvor in Königsberg abgegangen, aber nie dort angekommen.

Aus diesen Gründen ermittelten schon 1946 russische Offiziere im Raum Schlema/Hartenstein nach den als gestohlen betrachteten Kunstwerken.

Aber auch die amerikanische Seite war nicht untätig. So soll bereits im Mai 1945 ein Fahrzeug mit mehreren Offizieren aus Zwickau über Hartenstein nach Schlema gekommen sein, die sich bei der Bevölkerung nach einem Kunstdepot erkundigt haben sollen.

Aber wieder zurück zu Schmidt. Schließlich hatte er uns ja um Hilfe gebeten, weil er, wie sein Vorbild Enke, wohl mit seinen Beweisen und Vermutungen nicht mehr weiterkam. Das zumindest hatte ich damals angenommen.

Es war für mich ganz schön schwierig, ihm nachzuweisen, daß ein großer Teil seiner Vermutungen keine logischen Zusammenhänge hatte. Ohne die ständigen Schlichtungen durch meinen Mitarbeiter wäre unsere Zusammenarbeit schon im September '94 und nicht erst im Januar 1995 in die Brüche gegangen.

Ich bin also mehreren Vermutungen Schmidts nachgegangen und mußte viele seiner seltsamen Argumente überprüfen. So beispielsweise auch den Verdacht, ein in der Nähe von künstlich entstandenen Felsklippen stehender Wasserbehälter wäre der Ausgangspunkt für ein Kunstdepot. Von ihm aus sollten, nach seiner Annahme, Stromleitungen abgehen, die in das mögliche Depot führen. Und das muß mit Bernstein zu tun haben, sonst hätten die Hunde es nicht markiert. Allerdings war dieser Ort ca. 1500 m Luftlinie von den anderen Orten, die Schmidt für mögliche Verstecke hielt, entfernt.

Bei den Untersuchungen stellten wir jedoch fest, daß der Wasserbehälter nichts mit einem Depot zu tun haben kann, denn er wurde erst 1956 errichtet, und zwar durch die Wismut AG. Weitaus wichtiger war aber der Hinweis meines Freundes, des Rechtsanwalts Frank Hartmann: Er finde, der Eingang zum unterirdischen Wasserbehälter ähnele stark einem Foto aus Günter Wermuschs Buch "Bernsteinzimmer–Saga" – es war das Foto eines verschollenen Mundlochs im Raum Aue. Da mir Franks Gedanke gar nicht so abwegig schien, untersuchten mein Mitarbeiter und ich den Eingang.

Wir stellten fest, daß Franks Verdacht begründet war. Unter anderem verglichen wir unter starker Vergrößerung das Foto aus dem Buch mit einem Foto, welches wir aus gleicher Perspektive vom Behältereingang machten. Ich besorgte uns auch Luftbildaufnahmen von der Gegend aus dem Jahr 1945, konkret vom Juli 1945. Das Gesamtergebnis war verblüffend. Da, wo der Behälter jetzt eingebaut ist, war im Juli 1945 noch eine Grube auf einer Bergspitze. Das heißt konkret, der Behälter "steht" in einem alten Mundloch, das gesprengt und dadurch zur Grube wurde. Teile der Mauern, die die Böschung zum Eingang bilden, sind noch original vorhanden. Sie wurden am Ende von den Errichtern des Wasserbehälters genutzt und ein Stück in den neuen Eingang einbetoniert. Der obere Teil der Böschung wurde dann dem vorhandenen Mauerwerk angepaßt.

Das Baujahr 1956 schlußfolgerte ich aus den in kyrillischer Schrift geritzten Namen und Daten in einer alten Buche, die direkt neben dem Wasserbehälter stand und auf die Bauzeit und die Errichter schließen läßt. Ein Bauwerk also, das erst Jahre nach dem 2. Weltkrieg entstand, aber in einem wahrscheinlich eingesprengten Mundloch. Über Herkunft und den Grund der Sprengung hatten sich die Russen anscheinend keine Gedanken gemacht.

Durch diese Erscheinungen wurde unser Verdacht größer, daß an diesem Waldstück etwas "faul" ist. Ein paar Felsklippen hatten noch unsere Aufmerksamkeit erregt. Nach näherer Überprüfung stellten wir fest, daß an mehreren Stellen dieses unnormal aussehenden Felshanges gesprengt worden war. Lockeres Material aus Abraumgestein und lehmiger Erde, durchsetzt mit größeren Felsbrocken, war in Vertiefungen und an die Felshänge gefüllt worden, so daß wieder eine teilweise gleichmäßig abfallende Böschung entstand. Und das Ganze unterhalb von Sprengungen, die sich am Felsmassiv noch feststellen ließen.

Die gesamte Fläche im oberen Teil aber war mit Gras abgedeckt – konkreter, mit Grasbatzen, die vor geraumer Zeit auf den Felsen gelegt wurden, als wenn jemand etwas gegen Luftaufklärung tarnen wollte. Unter den Grasbatzen war das Gestein noch sehr hell, an einigen Stellen fast weiß. Das bedeutet, die Sonne und das Wetter hatten keine Möglichkeit, diese Stellen genau so schwärzlich zu verfärben wie das frei liegende Gestein. Aber auch Grasbatzen brauchen Zeit, zu solchen zu werden, sie entstehen nicht innerhalb weniger Tage. Und schon gar nicht auf blankem Felsen. Also hat jemand die Grasmatten in massiver Form auf die frisch gebrochenen Gesteinsbrocken gelegt. Aber Wer, Wann? Warum?

Wenn dieser Felsen ein Geheimnis birgt, dann muß es Hinweise geben, was sich vor Juli 1945 hier abgespielt hat.

Warum Juli 1945? Weil ich feststellen mußte, daß der von mir beschriebene Zustand schon auf dem Luftbild aus dieser Zeit zu erkennen war. Mehr noch! Man konnte erkennen, daß das Gras, welches man zur Abdeckung der hellen Stellen im Gestein, die durch die Sprengung entstanden waren, von einer ca. 150 m entfernten Waldwiese stammte, auf der ein geübtes Auge deutlich die abgestochene, graslose Fläche sehen kann. Und das bedeutet, das Gras war erst wenige Wochen vorher entfernt worden, sonst wäre es nicht als unbewachsener Erdboden zu erkennen gewesen.

Und wer könnte diese Arbeiten gemacht haben? Im Frühjahr 1945? Häftlinge vielleicht, die man am 14. April 1945 aus

Richtung Hartenstein kommend, auf dem Sportplatz von Niederschlema erschossen hat? Gemeinsam mit 18 Sowjetsoldaten?

Vier Tage nachdem Albert Popp in Weimar, mit Fahrzeugen des Schweizer Roten Kreuzes, die geraubten Kunstgüter des Herrn Koch aus Königsberg abholte. Vier Tage, nachdem mit ebensolchen Fahrzeugen im KZ Buchenwald bei Weimar Häftlinge abtransportiert wurden, weil man sie angeblich freigekauft hatte; zwei Tage vor der Besetzung Weimars durch die Amerikaner.

Der Leiter dieses Unternehmens Benois Musy, Sohn eines ehemaligen Präsidenten der Schweiz und später Rennfahrer, ist übrigens kurze Zeit nach Kriegsende bei einem Autorennen unter mysteriösen Umständen ums Leben gekommen.

Der Baron Falz–Fein zu Liechtenstein, der sogenannte Senior der Bernsteinzimmersuche und Förderer des westdeutschen Kunstfahnders Stein, soll in einem Interview einmal erzählt haben, er wäre während des Zweiten Weltkrieges Gärtner bei einem Rennfahrer aus der Schweiz gewesen. Musy soll der aber nicht geheißen haben.

Solche Gedanken gehen einem durch den Kopf, wenn man versucht, hinter ein Geheimnis zu kommen, von dem man nicht ein mal weiß, ob es überhaupt eins ist. Das Verschwinden des Bernsteinzimmers konnte auch einen ganz banalen Grund haben.

Der geheimnisvolle Wald

Wer den kleinsten Teil eines Geheimnisses hingibt,
hat den Rest nicht mehr in der Gewalt.

(Jean Paul)

Um hinter das Geheimnis dieses Waldstücks zu kommen, entschlossen wir uns zu einem ganz einfachen Schritt. Wir besorgten uns Meßtischblätter und Wanderkarten von der Gegend aus den Jahren vor dem Zweiten Weltkrieg.

Das Glück war uns hold, und wir konnten im sächsischen Staatsarchiv in Schlema sogar Kartenmaterial aus den Jahren 1927–43 in Empfang nehmen. Aber außer, daß dieses Waldmassiv zum Forstrevier Zwickau gehören sollte und es an das Revier Schneeberg grenzt, war dem Kartenmaterial auf den ersten Blick nichts weiter zu entnehmen.

Auffällig war nur, daß in der Nähe des verdächtigen Felsmassivs ein Steinbruch eingezeichnet war. Dreihundert Meter weiter dasselbe. Der erste Steinbruch war in seiner Größe und Form entsprechend der Karte in der Natur noch vorhanden, der zweite aber nicht. An der Stelle war nur noch ein zugewachsener Hügel. Zwischen beiden aber lag der dritte. Der wiederum war nicht in der Karte zu sehen, genausowenig wie ein vom ersten Steinbruch zum Fuß der Felsklippen führender befestigter Weg. Es war äußerst verwunderlich, daß ausgerechnet die in der Natur am deutlichsten zu erkennenden Klippen und befestigten Wege nicht in den Karten eingezeichnet waren!

Die Luftbildaufnahmen vom Juli 1945 wiesen sie aber aus. Das konnte nur bedeuten, daß sie nach der letzten geographischen Aufnahme von 1943 entstanden sind.

Also blieb nur der Zeitraum 1943 bis 1945 für ihre Entstehung. Unsere Recherchen in und um Schlema hatten ergeben, daß dieses Gebiet in den letzten Kriegsmonaten für die Bevölkerung gesperrt war. Ein bewachtes Gelände der SS sollte es gewesen sein, in dem auch Russen, die auf deutscher Seite kämpften, gesehen wurden.

Also ein militärisch genutztes Gelände, in dem zwischen 1943 und 1945 etwas entstanden war, was mit Sprengungen und Tarnarbeiten im Frühjahr 1945 verdeckt wurde.

Da fällt einem doch glatt der Funkspruch des Gustav Wyst ein: "Sprengung erfolgt" und "Zugänge getarnt"! Nur, Zugänge wovon? Und dann Mehrzahl?

Ein paar Bunker dieser Gegend sollen aber nicht gesprengt worden sein, sondern standen bis Anfang der 90er Jahre noch ca. 800 m weiter, unweit der Straße von Hartenstein nach Schlema. Auf dieser Straße soll auch am 14. April 1945 der Troß mit den Häftlingen nach Niederschlema gekommen sein.

"Wlassowleute" wollen die Anwohner in der Gegend gesehen haben. Gesprochen habe mit denen niemand. Wie konnten die Zeugen wissen, daß es möglicherweise Russen waren? Die Angehörigen der Wlassow–Armee trugen Uniformen der Wehrmacht, etwas abgewandelt aber eben deutsche Uniformen. Woher wollte man dann aus der Entfernung wissen, daß es Russen waren? Trugen diese Soldaten etwa russische Uniformen? Dann waren es kaum "Wlassowleute".

Und wenn doch, wieso?

Nach den Schilderungen einer Tochter des ehemaligen Waldhüters des Poppenwaldes sollen im April/Mai 1945 ungefähr fünf Güterwagen aus Ostpreußen, Tilsit oder Königsberg auf den Bahngleisen zwischen Hartenstein und Niederschlema – in der Nähe der Holzschleiferei der Papierfabriken – gestanden haben.

Diese Holzschleiferei befand sich 500 m unterhalb der seltsamen Felsklippen an der Mulde, direkt am Weg von Hartenstein nach Schlema. Das Mobiliar eines großen ostpreußischen Gutshauses, oder so ähnlich, soll sich in den Waggons befunden haben. Zumindest hätten die Leute, die diesen Zug im Mai 1945 plünderten, es so erzählt.

Verwunderlich war auch, daß alle Brücken, die über die Mulde in den Poppenwald führten, im April '45 gesprengt wurden. Auch eine kleine Fußgängerbrücke aus Stein, auf der man neben dem Betriebsgelände die Mulde überqueren konnte und die militärisch völlig unwichtig war, hatten die Militärs gesprengt. Dadurch waren alle Zugänge zu dem Gebiet von Hartenstein aus zerstört.

Und Soldaten habe sie gesehen, die Wildhüterstochter Frau Starke, wenn sie durch den Wald nach Schlema oder zur Arbeit nach Hartenstein gehen mußte. Diese sehr jungen Soldaten, die auch komische Uniformen angehabt haben sollen, hätten sie immer am Bismarckstein kontrolliert. Der Bismarckstein ist ein noch heute existierender Gedenkstein mitten im Poppenwald, der direkt neben einer Abzweigung, die zu den Felsklippen führte, am Weg vom Forsthaus Wildbach zur Holzschleiferei stand und dort noch steht.

Kaum gesprochen hätten diese jungen Soldaten. Nur gesagt: "Halt! Papiere!", dann durfte sie weitergehen, aber nur in Richtung der Schleiferei, also nach unten. Zur Bergspitze durfte sie nicht. Selbst ihr Vater hätte dieses Waldstück oberhalb des Bismarcksteins nicht mehr betreten.

Erstaunlich war auch, daß bis 1947 direkt neben dem unteren Steinbruch ein alter Eisenbahnwaggon als Jagdhütte stand. Sie gehörte dem Jagdpächter Brümmer, einem Großhändler aus Zwickau. Von dieser Jagdhütte existiert sogar noch das Hüttenbuch. Die Eintragungen gingen von 1927 bis Mai 1943. Im Sommer 1943 war demnach Schluß mit der Jagd im Poppenwald. Abgerissen habe die total zerstörte Jagdhütte Herr Starke, ihr Ehemann, nachdem er 1947 aus der Gefangenschaft kam und bei ihrem Vater als Gehilfe anfing.

Konnte ein Albert Popp damit etwas zu tun gehabt haben? Was war er? Standartenführer des NS Fliegerkorps, sagte Enke. Bei diesen Uberlegungen fiel mir ein Dokument ein, das ich in den Akten "Puschkin" gesehen hatte.

Ein Schreiben des Oberbergamtes Freiberg an die NSDAP Kreisleitung Aue, vom 25. August 1943.

Betrifft: Benutzung von Grubenbauen zu Luftschutzzwecken.

Auf Ihren Antrag vom 12. August 1943 teilen wir ihnen mit, daß nach unseren Feststellungen der von Ihnen für Luftschutzzwecke vorgesehene Raum kein Grubenbau im Sinne des Berggesetzes ist. Unsererseits bestehen keine Bedenken gegen den Ausbau des Raumes, wir weisen aber darauf hin, daß unter dem genannten Gelände bis zum Jahr 1855 Bergbau umgegangen ist und somit auch unter dem Raum Grubenbauen vorhanden seien können.

Sollten sich im Laufe der Zeit Erscheinungen bemerkbar machen, die auf Senkungen oder Brüche schließen lassen, so ist das dem Oberbergamt sofort anzuzeigen.

I.A. gez. Sarfer

Ausgefertigt: Freiberg, am 25. August 43

Unterschrift

Warum mir ausgerechnet dieses Dokument einfiel? Ganz einfach. Ich habe mich als Pionieroffizier zwangsläufig auch mit Luftschutzbauten befassen müssen. Daher war mir nicht unbekannt, daß im faschistischen Deutschland diese Aufgabe dem Nationalsozialistischen Fliegerkorps unterstand, also in Sachsen dem Herrn Albert Popp. Und daß Albert Popp etwas mit dem Verschwinden der sogenannten "Kochschen Sammlung" zu tun hatte, ist zweifelsohne von Enke bewiesen worden.

Ein Schreiben vom August 1943. Wie war damals eigentlich die Kriegssituation?

In Rußland zeichneten sich die ersten Erfolge der Roten Armee ab. Die westlichen Aliierten konnten sich noch nicht so richtig zu Entscheidungen entschließen. Der russischen Kriegindustrie war es gelungen, ihre Potentiale in die Gebiete des Ural und dahinter zu verlegen und die Produktion von Kriegsmaterial zu steigern.

Und in Deutschland bekam man kalte Füße. Die Blitzkriegsstrategie war gescheitert. Einem großen Teil der

Wehrmachtsführung, zumindest den intelligenteren Generalen, Offizieren, Unteroffizieren und Soldaten war klar geworden, daß die Pläne des österreichischen Gefreiten Schicklgruber alias Hitler, nicht realisierbar waren. Dazu war Deutschland allein zu schwach. Aber öffentlich sagen, daß der Krieg möglicherweise auf deutsches Territorium zurückkommt, durfte man nicht.

Und in dieser Situation schreibt der Chef der NSDAP Kreisleitung Aue/Erzgebirge einen Antrag zum Bau eines Luftschutzkellers in Grubenbauen? War das ein Hellseher?

Der Befehl zum Ausbau solcher Anlagen kam erst 1944, weil Stahl und Beton knapp wurden. Übrigens vom Reichsminister und Fliegerkorpschef Göring persönlich.

Paßten die bis dahin zusammengetragenen Ergebnisse zu meiner Auffassung vom Verschwinden des Bernsteinzimmers? Eine Wehrmachtsausstellung brennt, in deren Folgen das Bernsteinzimmer aus Reinigungsgründen abgebaut wird. Ein angeblicher Abwehrmann behauptet, das Kunstwerk nach Thüringen transportiert zu haben. Aber nicht im Auftrag Adolf Hitlers, sondern im Namen derer, deren Eigentum es eigentlich sei.

Ein "Verwalter" von Gauleiter Koch holt Kunstgegenstände, die zusammen mit dem Bernsteinzimmer versteckt sein sollen, im April 1945 in Weimar ab und transportiert sie mit einem Fahrzeug des Schweizer Roten Kreuzes an einen unbekannten Ort.

Ein Gewährsmann des Gauleiters Koch, von dem man nicht genau weiß, welche Rolle er wirklich spielte, der aber Russen und Litauer kommandiert haben soll, erzählt seinem Sohn, er habe das Bernsteinzimmer versteckt und zieht 1946, ohne deutlich erkennbares Motiv nach Schlema, das er kurze Zeit danach wieder verläßt.

In einem Wald bei Schlema halten sich im April '45 Soldaten auf, die aber keine Kampfhandlungen durchführen und bei denen möglicherweise Russen waren. In diesem Wald werden im Frühjahr '45 seltsame Sprengungen und Tarnungen ausgeführt. Etwa zur gleichen Zeit werden auf dem Sportplatz Niederschlema KZ–Häftlinge erschossen, von denen keiner weiß, wo sie herkamen, und die gemeinsam mit Russen verscharrt wurden.

In unmittelbarer Nähe des Massengrabes wurden ebenfalls Männer erschossen, bei denen man deutsche Kennmarken vermutet, und einer dieser Erschossenen hat Hinweise in Bäume geritzt, die möglicherweise auf die Bergspitze in dem mysteriösen Wald verweisen.

Und ein Dokument könnte sich auf den Bau einer unterirdischen Anlage nach August 1943 in dieser Gegend beziehen...

Wer hat eigentlich in dem Dokument an wen geschrieben? Das Oberbergamt Freiberg an die NSDAP Kreisleitung Aue. Die NSDAP Kreisleitung gibt es nicht mehr, aber das Oberbergamt exitiert noch. Vielleicht ist in dem Archiv des Amtes noch das Gegenstück des Schreibens vorhanden. Das einfachste war also, man setzt sich in das Archiv und versucht, das Gegenstück des Dokuments, den Antrag, zu finden. Zum Glück leben wir ja in einem ordentlichen Deutschland, und da dürften solche Unterlagen noch vorhanden sein.

Ich wollte nicht gleich mit der Tür ins Haus fallen, also erst einmal hintenherum und allgemein: "Meine Damen, bitte seien Sie so nett und geben Sie mir Unterlagen zu Luftschutzbauten zwischen 1941 und 1945 in alten sächsischen Bergwerken."

"Aber gern. Als erstes: wo sollten die denn sein?"

Immer solche konkreten Fragen. "Ich frage nur mal so, allgemein."

"Dann seien Sie so nett, und durchsuchen Sie unsere Kartei, ob etwas für sie dabei ist."

In der Tat, schon der Karteikasten läßt mich ahnen, wieviel Bergwerke als Luftschutzbunker dienten.

Also schön der Reihe nach. Ich ziehe als erstes die Karteikarte zum Grundsatzbefehl des RLM zum Ausbau von Bergwerken zu Luftschutzzwecken, weil man im Kriegsjahr 1944 Stahl sparen mußte, ist da zu lesen. Tatsächlich, 1944 kam dieser Befehl. Also waren es doch Hellseher, die Herren in Aue.

Dann probiere ich, das Aktenzeichen 8301/6/43 zu finden. Aber Fehlanzeige. Gibt es nicht.

Schade, da hat dieses Dokument wohl jemand erfunden.

Ich durchforste mehrere andere Akten und muß feststellen, daß sie sehr akribisch geführt wurden. Frau Unger, eine Mitarbeiterin des Archivs, half mir dabei.

"Sagen Sie, was bedeutet 'kein Grubenbau im Sinne des Berggesetzes'?"

"Das ist ganz einfach. Alle Grubenbaue sind seit 1855 im Archiv verzeichnet. Was vorher als Bergbau genutzt wurde, ist nicht eingetragen und deshalb kein Grubenbau im Sinne des Berggesetzes."

Das bedeutet, der Antrag bezieht sich auf einen Raum, in dem es nach 1855 keine Bergwerke mehr gab. Eigentlich komisch. Enkes Verein, aus dessen Akten ich das Dokument habe, hat in Aue und Umgebung nur in Bergwerken "im Sinne des Berggesetzes" gesucht. Hatte er dieses Dokument wieder mal übersehen? Nächste Frage:

"Hier auf dem Brief Ihrer Vorgänger steht: 'k.H. an das Bergamt Zwickau', das heißt, ein Durchschlag wurde dorthin geschickt. Warum?"

"Weil das zuständige Bergamt eben Zwickau war."

"Ich dachte Schneeberg."

"Nein, das Revier Aue/Schneeberg gehörte damals zu Schwarzenberg."

"Wieso dann Zwickau?"

Frau Unger war eine geduldige Erklärerin: "Weil möglicherweise der Grund und Boden zum Liegenschaftsamt Zwickau gehörte, also Eigentum von Zwickau ist."

Moment mal, was stand auf dem Meßtischblatt von 1927, mit

Korrektur von 1943? 'Revier der Stadt Zwickau, Johanniskirche...' Weitersuchen war angesagt.

"Die Karte, in der Sie die Bergwerke seit 1855 registrieren, kann man die mal sehen?"

"Aber selbstverständlich."

Frau Unger breitete eine Karte vom Raum Aue/Schlema vor mir aus, in dem alle erfaßten Bergbaue zu sehen sind. Und das sind viele, ungeheuer viele.

Nur eine Gegend hat keinerlei Eintragungen: Der Poppenwald bei Schlema, der Kirche Zwickau gehörend, unser Wasserbehälter mit Steinhängen, in dem sich 1945 irgendwelche Soldaten, wahrscheinlich sogar in russischen Uniformen, aufgehalten hatten.

"Frau Unger, bitte noch ein Problem. Ich habe hier ein Aktenzeichen, das ich in Ihren Karteien nicht mehr finde. Was könnte die Ursache dafür sein?"

"Weiß ich nicht, kann ich mir auch nicht erklären... Höchstens, es gibt ein Handarbeitsbuch, in dem Vorgänge eingetragen wurden, die nicht in öffentlichen Karten sind. Ich schau mal nach."

"Herr Reimann, ich habe das Aktenzeichen gefunden. Der gesamte Vorgang wurde 1945 makuliert und das Aktenzeichen neu angelegt."

"Und was heißt das, 'makuliert'?"

"Vernichtet!"

"Der gesamte Vorgang 1945 vernichtet? War das normal?"

"Nein, das gibt es nur in diesem Fall."

"Und wer durfte das vernichten?"

"Auf keinen Fall ein Mitarbeiter des Archivs. Das muß damals von höherer Stelle gekommen sein."

Offensichtlich wollte da jemand Spuren verwischen. Doch wer konnte das gewesen sein?

Wer kümmert sich in den Wirren der letzten Kriegswochen

um Papiere im Bergarchiv? Wer brachte gründliche deutsche Beamte dazu, eine Akte zu makulieren?

Hier gab es Geschehnisse, die auf eine gut organisierte Aktion hinweisen. Eine Aktion, bei der anscheinend kaum eine Kleinigkeit im Ablauf unberücksichtigt blieb.

Augenscheinlich ohne Zusammenhang, aber doch sich ständig kreuzend, traten bestimmte Ereignisse der Jahre '43 bis '45 immer wieder in den Vordergrund.

Wenn also innerhalb der zwei Jahre in diesem Waldstück etwas passierte, was unter strengen Vorsichtsmaßnahmen und unter großer Geheimhaltung vor sich ging, so muß doch irgendwo jemand zumindest ein paar Indizien mitbekommen haben.

Sollte diese Aktion so professionell organisiert und durchgeführt worden sein, daß tatsächlich kaum Spuren hinterlassen wurden, kann der Träger dieses Unternehmens kein Amateur gewesen sein. Sprich – hier steckt die Arbeit erfahrener Geheimdienstler dahinter.

Was sagte die Wildhütertochter über die Soldaten im Wald bei Schlema: "Sie hatten so seltsame Uniformen, eben nicht so richtige, wie die deutsche Wehrmacht. Wir dachten, das war so eine Sondereinheit der SS."

"Trugen sie SS–Uniformen?"

"SS–Uniformen, so schwarze, nein. Mehr wie Wehrmacht mit schwarzen Spiegeln. Wir dachten immer, daß das komische Soldaten sind, denn heimlich sind wir manchmal durch den Wald gegangen, um den Weg abzukürzen, und da haben wir sie gesehen. Es waren aber nicht viele. Immer nur einige. Nach Wildbach, in unser Dorf, sind die auch nicht gekommen. Niemals. Vielleicht haben die sich nicht getraut, oder sie durften nicht."

Was haben diese Soldaten im Frühjahr 1945 im Poppenwald gesucht? Welche Aufgabe kann sie bewogen haben, in einem Gebiet, das von Kriegshandlungen verschont blieb, Einwohner zu kontrollieren.

In irgendeiner Form, davon war ich überzeugt, hatten die seltsamen Soldaten eine ungewöhnliche Aufgabe. Und ungewöhnliche Aufgaben können durchaus auch etwas mit der Abwehr und ihrer Spezialeinheit, den "Brandenburgern", zu tun gehabt haben. Die hatten nicht wenig Ausländer in ihren Reihen. Von Indern bis Finnen war da alles mögliche vertreten. Seit 1943 vor allem im Regiment "Kurfürst". Und das gehörte organisatorisch seit Herbst 1944 zur SS.

Auch hier spielte also möglicherweise das ehemalige Amt Ausland/Abwehr eine nicht unwesentliche Rolle. Deshalb entschloß ich mich, mehr über dieses Amt in Erfahrung zu bringen.

Die "Abwehr" und ihr Admiral

Der Adel sitzt im Gemüt,

nicht im Geblüt. (Sprichwort)

"Es gibt zwei Motive für das Schreiben einer Biografie: Bewunderung oder Abscheu gegenüber Helden oder aber die Entdeckung neuer Materialien, die gängige Vorstellungen revidieren." Mit diesen Worten des britischen Biografen Sheperd beginnt Heinz Höhne das Vorwort zu seinem Buch "Canaris. Patriot im Zwielicht". [27]

Nach meinem Ausflug in die Biografie des deutschen Abwehrchefs Admiral Wilhelm Canaris mußte ich feststellen, daß dieser Satz nicht unberechtigt ist. Allerdings gilt der Inhalt auch für den Leser solcher Werke.

Literatur über den Chef des ehemaligen Geheimdienstes der deutschen Wehrmacht gibt es viel. Das Angebot machte es mir schwer, so daß mir gar nichts anderes übrig blieb, als mehrere dieser Werke zu lesen, da diese in ihren Aussagen teilweise völlig verschieden sind. Dabei kam für mich ein neues Bild dieses Mannes und seiner Organisation heraus.

Vielleicht muß ich das unter gesamtdeutscher Sicht erläutern. Ein nach 1940 geborener Ostdeutscher hat ein vollkommen anderes Geschichtsbild als ein gleichaltriger Westdeutscher. Für uns war Canaris eigentlich ein Niemand. Nur wer sich, egal aus welchem Grund, mal mit dieser Geschichtsperson befaßt hatte, wußte, wer dieser Mann war.

Völlig unbekannt war im allgemeinen, daß es Männer des Geheimdienstes der Wehrmacht waren, die schon seit Ende der dreißiger Jahre einen Sturz des Diktators Hitler planten. Ganz zu schweigen davon, daß kaum jemand wußte, daß solche Persönlichkeiten wie Dietrich Bonhoeffer und Hans von Dohnanyi, die man als Widerständler kannte, Mitarbeiter des militärischen Geheimdienstes waren.

Kein Geschichtslehrer der ehemaligen DDR hätte sich erlaubt, den "Nazi–Canaris" als "Kämpfer gegen den Hitlerfaschismus" zu bewerten. So etwas wie: 'Oppositionelle gegen die Herrschenden' war kein Thema. Vollkommen unbeachtet blieb auch die Rolle des Adels in der Zeit des Faschismus in Deutschland. Daher ergab sich für mich ein neues Bild des Wilhelm Canaris.

Von einigen Biografen wird er als eine schillernde Gestalt umschrieben. Selbst seine Gegner respektieren den Mann, hinter dessen großväterlichem Aussehen sich ein trickreiches Genie verborgen haben soll.

Den Tatsachen indes entspricht, daß der sagenumwobene deutsche Abwehrchef eine gespaltene Persönlichkeit war. Er schwankte zwischen realistischen Einschätzungen der Lage und übertriebenem militärischem Gehorsam, verbunden mit einem extrem ausgeprägten Hang zur Monarchie.

Schon 1935 war aus dem Kadetten und Offizier der kaiserlichen Marine, dem Adjutanten von Noske, dem Mitorganisator des Kapp–Putsches, dem Helfershelfer am Mord von Liebknecht und Luxemburg, der Spionagechef des Reichskriegsministeriums geworden.

1938 ernannte Hitler den Admiral zum Chef des Amtes Ausland/Abwehr im neugebildeten Oberkommando der Wehrmacht. Damit wurde er zu dem Mann, der Hitler und der Wehrmachtsführung alle militärisch–, rüstungs– und kriegswichtigen Nachrichten im Ausland beschaffen sollte.

Zugute kamen ihm dabei seine Verbindungen im Ausland, die er im Verlauf seiner Dienstjahre bei der kaiserlichen Marine und Reichswehr knüpfen konnte. Wohl auch aus diesem Grund sowie wegen seiner monarchistischen Ansichten machten ihn die Obersten der Wehrmacht zu ihrem Geheimdienstchef.

Er verfügte über Tausende Agenten, setzte Beamte des diplomatischen Dienstes und Wirtschaftsmanager im Ausland ein. Zu dieser Zeit waren das vor allem Sprößlinge adliger Familien und Juden, die sich durch dieses Entgegenkommen eine problemlose Ausreise aus Deutschland erkauften. Die logische Folge dieser Verfahrensweise war auch, daß aus Deutschland kommende Exilbewerber in einigen Ländern mit äußerster Vorsicht, teilweise sogar Ablehnung, behandelt wurden.

Die Verbindungen des Admirals breiteten sich auch auf den deutschen und internationalen Adel aus. In seinem Dienst standen während des Krieges viele Reserveoffiziere aus Kreisen des deutschen und europäischen Adels ebenso wie adlige Berufsoffiziere.

So war zum Beispiel auch Alexander Fürst zu Dohna–Schlobitten, einer der mächtigsten ostpreußischen Grundbesitzer, bis 1944 Abwehroffizier in Rußland und später in Italien. Dieser Fürst war der Sohn des Richard Graf zu Dohna–Schlobitten, einem ehemaligen Regimentskameraden und Freund des preußischen Kronprinzen.

Sogar einige adlige Exilrussen hatten in dem Canarisschen Geheimdienst Lohn und Brot gefunden. Eigentlich logisch, besonders nach dem Angriff der deutschen Wehrmacht auf die damalige Sowjetunion.

Vor diesem Angriff hatte Canaris immer gewarnt, da seine Abwehr über sehr geringe Informationen über die Sowjetunion und über die Rote Armee verfügte. Ihm war es nicht gelungen, ein funktionierendes Agentennetz in den russischen Gebieten zu stationieren.

Es sei dahingestellt, warum. Vielleicht hat er an einen Angriff nicht geglaubt, weil sein militärischer Sachverstand ihm den Gedanken an einen Krieg Deutschlands gegen die Sowjetunion verbot.

Trotz seiner Abneigung gegen den Bolschewismus, beruhend auf einer monarchistischen Erziehung, war er immer einer der Verneiner eines Krieges 'Deutschlands gegen die Russen'. Ihm war ganz einfach klar, daß Deutschland allein an der militärischen Überzahl der Russen und dem riesigen Territorium scheitern würde.

Die Beseitigung des Bolschwismus war für Canaris nur in

militärischer Gemeinschaft mit den Westmächten möglich. Doch er hatte den Größenwahn seines Führers unterschätzt und geriet somit in die Situation, auf den Krieg im Osten ungenügend vorbereitet zu sein. Diesen Mangel konnte er nur kompensieren, indem er sich seine fehlenden Informationen bei denen holte, die dieses feindliche Land verlassen hatten und in Deutschland im Exil lebten.

Ein enger Vertrauter, auch noch nach der Entmachtung des Admirals im April 1944, war der russische Baron Wladimir Kaulbars, ein ehemaliger Zarenoffizier, der schon im Zusammenhang mit dem Geschehen um die Burg Lauenstein und die Absetzbewegung von Teilen der "Russischen Nationalarmee" nach Liechtenstein eine Rolle spielte. Dieser Kaulbars war auch einer der wenigen Männer, die private Kontakte mit Canaris pflegten.

Ebenfalls in Canaris Diensten war Oberst (später General) Freiherr Wessel von Freytag–Loringhoven, ein im zaristischen Rußland erzogener Balte, der auf deutscher Seite kämpfende Kosakenformationen aufgestellt hatte und ab Sommer 1943 die Abteilung II der Abwehr übernahm. Diese Abteilung II war im Frühjahr 1943 in starke Kritik geraten, weil ihre Aktionen und Kommandounternehmen erfolglos und streckenweise blamabel verliefen.

Aus diesem Grund wurde diese Abteilung und die zu ihr gehörende Division "Brandenburg" neu formiert und umgestellt. Man wechselte nicht nur den Chef – bis dato leitete der Oberst Erwin von Lahousen die Abteilung II –, sondern änderte auch einiges in dessen handelnder Truppe. So wurden die Unterstellung der Division und deren Aufgaben neu festgelegt.

Der Abwehr unterstand ab Sommer 43 nur noch ein Regiment der Division, das berüchtigte Regiment "Kurfürst". Die Soldaten dieser Einheit wurden speziell auf den Einsatz im Hinterland des Gegners vorbereitet. Diese Aufgabe machte sich insbesondere notwendig, da sich zu dem genannten Zeitpunkt die Kriegslage im Osten zuungunsten der Deutschen entwickelte.

Die Basis für eine erfolgreiche Kriegsführung, die Rüstungsindustrie, hatte sich in der Sowjetunion – von den Kriegsschlägen der deutschen Armeen zwar schwer geschädigt – in den Gebieten hinter dem Ural neu formiert und begann, die Produktion zu steigern. Die Gefahr, daß Stalins Armeen sich zu erfolgreicheren Gegenschlägen formieren könnten, wurde immer akuter. Stalingrad blieb kein Einzelbeispiel.

Für die Abwehr eine zwingende Notwendigkeit, unter anderem auch Spezialkommandos für den Einsatz in diesen Gebieten auszubilden. Man mußte den Gegner an seinen Basen treffen und verhindern, daß die Truppen Stalins ungehindert ihre Kampfkraft erhöhen konnten.

Das bedeutete praktisch, es mußten Kommandotrupps in den Gebieten der Rüstungsindustrie eingesetzt werden, die die Produktion der Panzer, Kanonen und Granaten empfindlich stören konnten und die relativ langen Transporte an die Front erschwerten. Erfolgreiche Operationen solcher kleinen Einsatzgruppen, die sich Frontkommandos nannten und aus etwa 20 Mann bestanden, waren mitunter mehr wert als der Einsatz mehrerer Divisionen an der Front.

Was das alles nun mit dem Verschwinden des Bernsteinzimmers zu tun hat?

Augenscheinlich noch nichts, aber einige Zusammenhänge schienen doch zu bestehen. Zum Beispiel Gustav Wyst, der Mann, der im Sterben liegend, seinem Sohn gestanden haben soll, daß er das Bernsteimzimmer versteckt hat, soll im Beisein eines anderen Uniformierten auch geäußert haben: 'Jetzt habe ich zu meinen Litauern noch richtige Russen bekommen!'

Wenn sich der gegen Kriegsende neunjährige Sohn daran noch so genau erinnern kann, können diese Worte in der Zeit von ungefähr 1943 bis Herbst 1944 gefallen sein, denn im Herbst des Jahres 1944 ist Rudolf Wyst bekanntlich mit seiner Mutter aus Königsberg weggezogen.

Dann soll Gustav Wyst bei einem Fronteinsatz verwundet worden sein, einem Einsatz mit seinen Leuten. Also Litauern und Russen. Einsätze an der Front mit diesen Leuten konnten zu dem Zeitpunkt nur auf Befehl solcher Einrichtungen wie beispielsweise der Abwehr erfolgen.

Daß der Geheimdienst der deutschen Wehrmacht etwas mit dem Verschwinden des Bernsteinzimmers zu tun haben kann, ergibt sich auch aus dem seltsamen Zusammentreffen von Daten und Ereignissen um das Bernsteinzimmer, um die Abwehr Canaris und die Wehrmachtsführung.

Die Zusammenhänge sind für den Leser vielleicht noch etwas kompliziert, deshalb erst einmal weiter mit der Biografie des Admirals Canaris:

"Die Welt, in die Wilhelm Franz Canaris am 1. Januar 1887 im Kohlenpott–Dorf Aplerbeck bei Dortmund geboren wurde, war denn auch eine Bergwerkswelt..."

"Daß es auch in der Familie des Ingenieurs Carl Canaris (der Vater) und seiner Ehefrau, der fränkischen Oberförsters–Tochter Auguste Amelie Popp..."

Halt, das kann doch nicht wahr sein!?

Ein Zufall? Eine Namensgleichheit und nicht mehr!?

In Abshagens Buch "Canaris, Patriot und Weltbürger" steht es noch genauer: "Der Großvater mütterlicherseits war herzoglich sächsischer Oberförster." [28]

Also Oberförster am Hofe des "Herzogs zu Sachsen–Coburg und Gotha", dem das Schloß Reinhardsbrunn gehört, und in dem – laut Enke –, die Kisten mit dem Bernsteinzimmer eingelagert waren.

Ein Oberförster, der in der ersten Hälfte des vorigen Jahrhunderts seinen katholischen Glauben für die Eheschließung mit seiner evangelischen Braut aufgab, ist da zu lesen.

Unter welchen Bedingungen diese Glaubensänderung von der Kirche genehmigt wurde, ist allgemein bekannt. Das heißt, man mußte einen gewissen Obolus entrichten.

Ist nicht in diesem Zeitraum der Poppenwald bei Schlema der Evangelischen Kirche Zwickau überschrieben worden?

Aber ja, davon sprach doch auch Frau Starke, die Tochter des Poppenwaldhüters: "Der Poppenwald heißt so, seitdem die Kirche den Wald von zwei Schwestern bekam. Die eine hatte damals einen Popp geheiratet, und weil sie aus der Gegend weggezogen ist, hat die Kirche den Wald bekommen. Das soll eine entfernte Verwandte der Familie von Solms gewesen sein."

Na, so ein Zufall.

Aber lassen wir einen Kenner der Geschichte des deutschen Geheimdienstes weiter sprechen:

"... und überall saßen in der Abwehr Freunde und Verwandte, die wiederum Freunden und Verwandten halfen..."

"... Dohnanyi war es geglückt, seinem Schwager Dietrich Bonhoeffer Abwehraufträge zu verschaffen..."

"... Selbst Canaris hatte Platz für Verwandte geschaffen; sein Neffe Heinz Canaris saß in der Dienststelle Spanien, auch eine Canaris–Nichte, Fräulein Spindler, arbeitete in der Madrider Dienststelle, eine andere als Sekretärin in der KO Portugal..." [29]

"... Die Abwehr galt bei ihren westlichen Gegenspielern als so korrupt, daß der Secret Intelligence Service seine Infiltrationsagenten dort ansetzte, wo die Abwehrstellen den Verlockungen des süßen Lebens besonders ausgesetzt waren: in Lissabon, Madrid, Istanbul und anderen Plätzen des östlichen Mittelmeers. Die KO Lissabon war praktisch schon vom britischen Geheimdienst unterwandert, und auch in Istanbul bereiteten sich Abwehrmänner zum Absprung auf die britische Seite vor..." [30]

Diese Aussagen beziehen sich auf die Zeit 1942/43. Es war die Zeit, in der es um das Ansehen des Amtes Ausland/Abwehr nicht mehr gut bestellt war; die Zeit in der Canaris sich Gedanken um Deutschland machte, die so weit gingen, daß er Männer seiner unmittelbaren Umgebung, wie seinen Stabschef Generalmajor Hans Oster, ungestört an Putschplänen arbeiten ließ, diese sogar unterstützte. Allerdings auf seine Art.

Chef des britischen Geheimdienstes war zu der Zeit Generalmajor Steward Menzies. Wie britische Historiker zu berichten wissen, beschäftigte sich Menzies intensiv mit dem Admiral Canaris, dem er großen Respekt zollte, und eine verlockende Vorstellung für ihn war es, diesem Mann persönlich gegenüberzutreten und mit ihm die rettende Friedensformel auszuhandeln.

"Eine Utopie, der sich ein Geheimdienstchef Seiner Britischen Majestät nicht zu schämen brauchte." [31]

So utopisch scheint das Ganze nicht gewesen zu sein, denn immerhin ließ Canaris Ende 1942 dem SIS – Chef durch Mittelsmänner auf der Iberischen Halbinsel eine Botschaft zukommen, die den Briten zu einem Treff an einem geheimen Ort einlud. [32]

Menzies war bereit, sich mit Canaris zu treffen, aber die britische Diplomatie war noch dagegen. Daß diese "Diplomatie" Churchill hieß, braucht man wohl nicht zu erläutern.

Diese "Diplomatie" dachte wahrscheinlich über eine solche Entwicklung der Geschichte etwas anders.

Ihm lag die ungetrübte Macht der Monarchie in Großbritannien mehr am Herzen, denn immerhin mußte sich der britische König Georg in solchen Dingen etwas zurückhalten, um nicht den Zorn seines Volkes gegen die Deutschen auf sich zu ziehen. Schließlich war er deutscher Abstammung und das könnte bei plötzlichen Vereinigungen mit dem Erzfeind Deutschland unangenehme Verständigungschwierigkeiten bei seinem Volk hervorrufen.

An dieser Stelle wird klar, wer für eine solche Liaison noch überzeugt werden mußte. Doch wie überzeugt man solche Herrschaften, die mit dem internationalen Hochadel, vor allem dem deutschen, mehr als nur entfernt verwandt sind? Mit Geld und guten Worten? Damit waren sie ausgestattet, reichlich.

Canaris gab nicht auf, auch wenn die ersten Schritte nicht gleich erfolgreich waren. Schließlich hatten sich die alliierten Staatsmänner Franklin Roosevelt und Winston Churchill im

Januar 1943 in Casablanca darauf geeinigt, mit keinem deutschen Widerständler zu paktieren, sondern einzig und allein die "bedingungslose Kapitulation Deutschlands" anzustreben.

Man beachte die feine diplomatische Formulierung "mit keinem deutschen Widerständler", das läßt natürlich noch ein paar andere Wege offen. Für einen Vertreter der britischen Monarchie und einen persönlichen Freund der preußischen Krone sind "Widerständler" sicherlich nur eine bestimmte Gruppe von Personen. Und die bedingungslose Kapitulation anstreben heißt noch lange nicht, daß Deutschland auch gegen Rußland bedingungslos kapitulieren sollte.

Und gerade die Konferenz von Casablanca ließ in Canaris den Entschluß reifen, alles auf eine Karte zu setzen, um den Untergang Deutschlands zu verhindern. Angetrieben und immer wieder zur Aktivität gemahnt von seinem Intimus Baron Kaulbars, dessen Interesse einzig darin bestand, die mögliche Macht des Stalinschen Bolschewismus in Osteuropa zu verhindern.

"Auch in England wüßte man, daß Sie einer der wenigen Männer wären, mit denen man verhandeln könne." Ein Zitat aus einem Brief des Barons. [33]

Der ehemalige Rechtsanwalt Hauptmann Paul Leverkuehn, Leiter der Abwehrstelle in Istanbul, stellte für Canaris die Verbindung zum amerikanischen Geheimdienst her. Und bei dem ersten Treffen bot Canaris im Namen der hinter ihm stehenden Kräfte den Amerikanern eine Lösung an: Waffenstillstand nach Westen hin, Fortsetzung des Kampfes im Osten.

Da seine ersten Bemühungen mit den Westmächten nicht von Erfolg gekrönt waren, schickte Canaris im Juni 1943 den Grafen von Moltke, einen deutschen Völkerrechtler und Sohn des ehemaligen Chefs des kaiserlichen Heeres, mit einer konkreten Fortsetzung des Canarisplanes nach Istanbul zu Verhandlungen mit den Westalliierten.

Moltke regte unter anderem an, einen deutschen Generalstabsoffizier nach England zu bringen, der die nötigen Kenntnisse habe, "um mit den Westalliierten die Öffnung der deutschen Westfront zu verabreden", wie ein Historiker formulierte; die Ostfront hingegen sollte erhalten bleiben. [34]

Diese Vorschläge beinhalten aber auch noch einen Punkt, der in der Geschichte um das Bernsteinzimmer eine Rolle spielen könnte: "Schaffung einer von den Westalliierten unbesetzten Zone im Südosten Deutschlands, in der sich eine neue Deutsche Regierung bilden kann."

Wie gesagt, ein Vorschlag von Canaris, ausgearbeitet mit dem Völkerrechtler Moltke, besprochen mit dem amerikanischen Geheimdienst, in persona des späteren CIA–Chefs Allen Dulles.

Na, wer da nicht auf den Gedanken kommt, Parallelen zum Kriegsende im Westerzgebirge zu ziehen...

Als unmöglich abgetan hatten die Amerikaner den Vorschlag jedenfalls nicht, sonst hätte sich der OSS–Chef Donovan nicht persönlich in die Verhandlungen eingeschaltet.

Ja mehr noch, im Sommer 1943 trafen sich die Generale Menzies und Donavan im spanischen Santander mit dem Admiral und Chef der deutschen Abwehr Wilhelm Canaris. Bei diesem Treffen wurden die Vorschläge des Deutschen akzeptiert und Vereinbarungen für weitere Verhandlungen getroffen.

Nicht unbeteiligt am Zustandekommen dieses Treffens war übrigens der Prinz Hohenlohe. Den Beweis dafür liefert ein Schreiben Jose Maria Doussinagues, Generaldirektor des spanischen Außenministeriums. [35] "Für uns hatte die Lösung des Krieges immer darin bestanden, daß sich endlich unsere Auffassung durchsetzte, das nationalsozialistische Regime müsse gestürzt werden, ohne aber Deutschland zu zerstören. Und nun brachte uns der Prinz Hohenlohe den Beweis, daß dies nicht nur möglich, sondern sogar verhältnismäßig leicht sei."

Also waren es auch diese Kreise, die hinter Canaris standen. Die, von denen ein Keiluweit behauptet hatte, sie stünden höher als Hitler. Die Kräfte, denen sich der ehemalige kaiserliche Kadett und Seeoffizier Canaris verpflichtet fühlte. Wer sonst als die Angehörigen des deutschen Hochadels konnten noch dahinter stehen? Angehörige jener blaublütigen Familien, die durch die Revolution 1918 in Deutschland ihre absolute Machtposition verloren hatten, die sich mit dem fortschreitenden Nazismus nicht mehr einverstanden erklären wollten und zum Teil sogar Deutschland verlassen hatten. Die Verwandten und Nachkommen des Preußenkönigs Friedrich I., dessen Sohn schon einmal ein Waffenbündnis schloß, das mit dem Bernsteinzimmer besiegelt wurde.

Der General Oster und die mit ihm handelnden Widerständler waren jedenfalls nicht die einzigen, die Canaris zu Handlungen gegen Hitler drängten. Darauf verweist das weitere Geschehen um den Chef der Abwehr – bis zu seinem Tod, am 9. April 1945.

"Brandenburg"

An den Kleinigkeiten, daran erkennt man den Soldaten.

(C. Zuckmayer, Hauptmann von Köpenick)

Für den Leser, der sich nur wenig mit militärischen Begriffen beschäftigt hat, will ich einige, die für das bessere Verständnis des folgenden nützlich sind, anführen.

Der vielleicht bekannteste Begriff aus militärischen Strukturen ist die Kompanie. Eine Kompanie hat immer mehrere Züge, zwei bis vier, die wiederum aus Gruppen bestehen, deren Stärke sich aus den jeweiligen Verwendungen oder Aufgaben ergibt. Bei der Infanterie sind es ca. 8 bis 12 Mann. Vor Jahren waren es auch noch mehr.

Daraus ergeben sich Zugstärken von dreißig bis fünfzig Mann – demzufolge haben Kompanien Stärken zwischen hundert und zweihundert Mann. Bei Spezialeinheiten können das aber auch entschieden weniger sein.

Die nächst höhere Formation ist das Bataillon, das aus ungefähr drei bis fünf Kompanien besteht. Entscheidend dafür ist wiederum, welche Waffengattung es betrifft und welche spezifischen Aufgaben die jeweilige Einheit hat.

Ein Regiment wiederum besteht aus drei bis fünf Bataillonen, die nicht selbständig handeln, sondern im Bestand ihres Regiments operieren. Es sei denn, es sind selbständige Bataillone, die einer bestimmten Führungsebene direkt unterstellt sind. Diese Eigenart des Unterstellungsverhältnisses gibt es aber auch bei Kompanien und Regimentern. Welche Variante dabei zutrifft, hängt von der jeweiligen Struktur der Division ab, zu der in den meisten Fällen drei bis fünf Regimenter gehören.

Dazu kommen noch einige selbständige Bataillone und Kompanien, die im Interesse einer Division ihre Aufgaben erfüllen oder aber einem höheren Stab unterstehen.

113

Divisionen sind meist Bestandteil von Armeen oder Armeekorps, die, geführt von ihren jeweiligen Stäben, im Bestand ihrer Armee oder auch der Front, ihren Aufgaben gerecht werden und dabei den Regimentern, die wiederum kämpfende Bataillone haben, Aufgaben stellen, die die Kompanien der Bataillone erfüllen müssen, indem sie die Züge mit ihren Gruppen ins Gefecht schicken, bei denen dann die Soldaten der jeweiligen Gruppen 'ins Gras beißen'. Das ist doch eigentlich sehr konkret, eben militärisch exakt. Oder etwa nicht? Eigentlich will ich damit nur klar machen, daß es beim Militär zwar ausgesprochen penible Regeln gibt, die aber ständig durch Ausnahmen geändert und Sonderverordnungen präzisiert werden.

Nach der Vermittlung solcher tiefgreifenden Kenntnisse über die Strukturen in einer Armee, die auch nur Bestandteil eines Heeres ist, fällt es mir besonders leicht, die möglichen Vorgänge der Jahre 1943–1945 in dem mysteriösen Wald bei Schlema, mit seinem noch mysteriöseren Luftschutzbunker, der eigentlich keiner war, zu rekonstruieren.

Um in einem Krieg wie dem II. Weltkrieg erfolgreich zu sein, darüber waren sich Wehrmachtsführung und der Chef des militärischen Geheimdienstes einig, konnte man sich nicht in jedem Fall an die Regeln der Kriegsführung, sprich Genfer Konvention, halten. Deshalb gründete man eine neue Kampforganisation, die die Aufgabe hatte, die Kampfhandlungen der Truppe mit unlauteren Mitteln vorzubereiten und zu unterstützen.

Canaris befahl schon 1939 eine Truppe aus Freiwilligen aufzustellen, die noch als regelrechte Soldaten der deutschen Wehrmacht für solche außergewöhnlichen Einsätze vorbereitet wurden.

Die Anforderungen an diese Soldaten waren sehr hoch. Neben körperlichen und charakterlichen Eigenschaften mußten sie sich ferner "volksecht" den Sitten und Gebräuchen jenes Landes anpassen können, in dem sie militärisch Verwendung finden sollten.

114

Tarnanzüge und fremde Uniformen waren die einfachsten Hilfsmittel, derer man sich bediente. Hauptausbildungszweig dieser Soldaten war neben Überlebenstechniken und verschärften Methoden des Einzelkampfs die pioniertechnische Ausbildung.

So entstand eine Einheit, die man in ihrer ersten Phase als Baulehrbataillon 800 und später als Regiment "Brandenburg" bezeichnete. Der Name soll dem Standort der Truppe, der Stadt Brandenburg, entliehen sein, was aber nicht unbedingt stimmen muß, denn in der Nähe der Stadt war eigentlich nur ein zur Ausbildung genutztes Rittergut. Der Rest der Division war an Ost– und Westfrontstandorten verteilt. Die Namen solcher Einheiten waren üblicherweise auch geschichtsträchtiger.

Brandenburg war so gesehen eigentlich das Kernland Preußens, das seine Entstehung dem Kurfürsten von Brandenburg verdankte. (Friedrich III. Kurfürst von Brandenburg/ Preußen, später als Friedrich I. König in Preußen bekannt.)

Was dem speziellen Kampfverlauf dieser Soldaten sein besonderes Gepräge gab, war die Verbindung militärischer Aufgabenstellung mit geheimdienstlichen Methoden. Es ging bei den Einsätzen vor allem darum, mit Mitteln der Tarnung oder Täuschung des Feindes ein Überraschungsmoment zu schaffen, das von der nachfolgenden Truppe taktisch, vielleicht sogar operativ ausgenutzt werden konnte. Ihre Kampfesweise erfolgt also unter Formen, die den einzelnen Kämpfer außerhalb der Kriegsgesetze stellte.

Da im Verlauf des Krieges das Regiment zu einer Division aufgestockt wurde und die Einsatzgrundsätze erweitert wurden, änderte sich in den Jahren 1942/43 auch ein Teil der Aufgaben und die Unterstellung dieser Division. Sie wurde dem OKW direkt zugeordnet.

Die Abwehr des Admirals Canaris unterstand ab 1943 nur noch ein Regiment der Division, das Regiment "Kurfürst". Der Namensgeber dieser Truppe war übrigens der Admiral persönlich.

Canaris hat auch nie einen Hehl daraus gemacht, daß die Kriegshandlungen seiner Truppe für die Abwehr und ihren Ruf von entscheidender Bedeutung vor allem gegenüber Hitler und der Wehrmachtsführung waren. Und dieser Ruf war im Frühjahr 1943 gefährdet. So erfolgreich wie die Männer der "Brandenburg" in den Feldzügen gegen Frankreich, Belgien, Afrika und in der Anfangsphase in Rußland waren, so erfolglos wurden sie danach, genau wie ihre Dienstherren in Zossen und Berlin.

Auch durch Fehlschläge in einigen Auslandsdienststellen der Abwehr war der Nymbus des unfehlbaren Geheimdienstes der Wehrmacht mächtig angekratzt. Resultierend aus diesem Zustand, kam dann auch die Einschränkung der Macht Canaris' und eine neue konkretisierte Aufgabenstellung an das Regiment.

Die Sowjetunion war Feind Nummer eins und das Hauptbetätigungsfeld der Abwehr und ihrer Kommandotrupps. Verbunden damit war, daß die Spezifik der Aufgabe dieser Männer verlangte, daß immer mehr Rußlanddeutsche, Ukrainer, Balten und adlige Offiziere aus diesen Ländern in den Dienst der Abwehr übernommen wurden.

Das kam auch in der Entscheidung zum Ausdruck, die Abteilung II, der auch die "Brandenburg" zugeordnet war, mit einem neuen Chef zu besetzen. Die Abteilung II war zuständig für Sabotage, aktiven Sabotageschutz und Vorbereitung von Kommando–Unternehmen. Zum aktiven Sabotageschutz gehörte übrigens auch Transportschutz, Postschutz usw....

Der Freiherr Oberst Wessel von Freytag–Loringhofen, ein baltischer Adliger, mußte die neuen Aufgaben dieser Abteilung leiten. Ein Mann, der sich bestens im Territorium der Sowjetunion auskannte, schließlich war er mal Offizier der Zarenarmee.

Der Wechsel in dieser Funktion, und somit eine neue Aufgabenstellung an die Männer des Regiments "Kurfürst", vollzog sich im Sommer 1943. Zum gleichen Zeitpunkt, als

Admiral Canaris seine Geheimverhandlungen mit den Amerikanern und Briten in erfolgversprechende Bahnen geleitet hatte und die Kreisleitung der NSDAP Aue einen Antrag stellte, für den sie gar nicht zuständig war, der aber darauf hinweist, daß man in der Nähe von Aue ein uraltes Bergwerk in einem unbekannten Gelände ausbauen wollte.

Und so sind wir wieder im Poppenwald. Nachdem, was ich bei meinen Untersuchungen am Berg feststellte, sollte dort ein Fuchsbau eingebaut werden. Der Sinn solcher Bauten war die getarnte Unterbringung von Kommandotrupps im feindlichen Hinterland. Als Basislager für ihre Aktivitäten. "Fuchsbau" deshalb, weil so eine Anlage immer mehrere Ausgänge hatte.

Die Aufgabe der Männer der sagenumwobenen Truppe war nämlich um einen wesentlichen Aspekt erweitert worden. Bisher hatte man sich nur um Einsätze beim Angriff der deutschen Truppen kümmern müssen, jetzt galt es, die Formen des Partisanenkrieges zu übernehmen, um dem Gegner in seinem Hinterland, nämlich in seinen Rüstungszentren im Ural, Schaden zufügen zu können.

Und um die Soldaten von "Kurfürst" auf ihre sehr komplizierte Aufgabe vorzubereiten, wurde ein adäquates Übungsgelände benötigt. Ein Gelände, das den Bedingungen im Ural annähernd gleichkam.

Dafür ausgesprochen geeignet war das Erzgebirge. Hier boten sich Bergwerksanlagen an, die für eine gedeckte Unterbringung genutzt werden konnten, und die man auch im Ural vorfindet. Mit einem Unterschied: In Deutschland mußte der Ausbau einer solchen Anlage offiziell genehmigt werden. Schließlich herrschte ja preußisches Beamtentum. Nur konnte man als Geheimdienst nicht den direkten Weg zum zuständigen Oberbergamt Freiberg gehen, um eine Genehmigung zu erhalten. Das würde den Agenten des Gegners die Absichten von Canaris und Co. sofort enthüllen. Also wird der Bau eines Luftschutzbunkers vorgetäuscht.

Der Antragsteller sollte möglichst unverfänglich sein, zum

Beispiel eine Dienststelle der herrschenden Partei, die sich ja sowieso um jeden Kram kümmerte. Politiker waren und sind zu jeder Zeit willfährige Handlanger von geheimdienstlichen Machenschaften. Man benötigte in der NSDAP–Kreisdienststelle Aue bloß einen Mann, der bereit war, das Spiel mitzumachen. Die zuständige Einrichtung brauchte nur noch die Notwendigkeit eines Baus begründen und zustimmen. Und wer war in diesem Fall die zuständige Einrichtung? Das Nationalsozialistische Fliegerkorps, dessen Chef in Sachsen Albert Popp war.

So konnte ein total geheimer Ausbildungsplatz für Spezialkommandos des Regiments "Kurfürst" entstehen, auf dem Männer in Uniformen der Roten Armee, die möglicherweise zum Teil auch Russen oder Ukrainer waren, auf ihren Einsatz vorbereitet wurden. So geheim, daß nur sehr wenige Anwohner der Gegend überhaupt etwas mitbekamen.

Ein Training für diese Soldaten unter fast echten Bedingungen. Ein Platz, der sich dann auch anbot, ihn zu einem unterirdischen Lager zu erweitern und zu nutzen. Ein Platz, der aufgrund seiner bisherigen Aufgabe geheimer als andere möglichen Depots war und vor allem, auf den die Handelnden auch Zugriffsrecht hatten. Und so geheim, daß fünfzig Jahre danach noch das Rätsel des verschwundenen Bensteinzimmers die halbe Welt beschäftigt.

Nur "Deutsches Tun und Lassen"?

Politik besteht eher darin, aus günstigen Konstellationen zu profitieren,

als sie zu schaffen.

(Aus dem politischen Testament Friedrichs d.Gr.)

Der Platz bot sich auch an, weil er in einem Gebiet lag, das im April/Mai/Juni 1945 nicht von den Alliierten besetzt wurde. Nicht von den Truppen Stalins, die laut Abkommen von Jalta und den Vereinbarungen von Torgau nur bis zum 13. Längengrad marschierten; aber auch nicht von den Engländern – die britischen Truppen operierten bekanntlich im norddeutschen Raum – und auch nicht von US–Truppen, weil ... – ja, warum eigentlich nicht von den Amerikanern?

Die stoppten am 13. April an der Linie Auerbach/Zwickau ihren Vormarsch in Richtung Osten, um dann das Gebiet des Westerzgebirges um Aue und Schwarzenberg zu umgehen.

Aber woher wußten die deutschen Militärs, daß dieser Raum nicht besetzt wird? Sie mußten es gewußt haben, sonst hätte der deutsche General Ferdinand Schörner, der noch in den ersten Apriltagen 1945 zum Generalfeldmarschall befördert wurde, seine Heeresgruppe, die übrigens mit 1,2 Millionen Mann die stärkste in Deutschland war und zur Ostfront gehörte, nicht in dieses Gebiet befohlen. Dieser Verband hatte die Order, noch nach der offiziellen Kapitulation im Mai 1945 den Vormarsch der Russen zu behindern.

Die Heeresgruppe des frischgebackenen Generalfeldmarschalls ist dann auch erst nach dem 15. Mai bei Schönheide im Erzgebirge in Gefangenschaft der Amerikaner gegangen. Und das muß man sich mal praktisch vorstellen:

Eine komplette Heeresgruppe mit 1,2 Millionen Soldaten, Unteroffizieren und Offizieren, Fahrzeugen, Panzern, Kanonen, Gewehren und Munition, Feldküchen und Kochgeschirren, die wahrscheinlich leer waren. Allein der Aufwand um die notwendigste Versorgung abzusichern, muß ganze Regimenter der Amerikaner beschäftigt haben. Und das zufällig? Ohne Vorbereitung, reibungslos nicht machbar!

Gewußt haben mußten es auch die Herren, die in der ersten Aprildekade 1945 das organisierte Umkleiden hoher Offiziere auf dem Bechergut in Aue stattfinden ließen, von dem Enke später annahm, es hätte sich um das Verstecken von Kunstgütern gehandelt.

Gewußt haben mußten es auch die Verbrecher, die sich noch am 14. April die Zeit nahmen und in aller Öffentlichkeit 83 KZ–Häftlinge umbrachten, wahrscheinlich um lästige Zeugen loszuwerden. Zeugen einer Geschichte, die zweifelsfrei nicht zu normalen Kriegshandlungen im Westerzgebirge gehörte. Mehr Beispiele brauche ich wohl nicht anzuführen, um die Möglichkeit einer Verbindung von wichtigen und wertvollen Gegenständen und Unterlagen, auch des Bernsteinzimmers, in dieser Gegend zu erörtern.

Doch was war eigentlich mit den 18 Sowjetsoldaten, die ebenfalls in dem Massengrab von Schlema gefunden wurden? Kriegsgefangene? Eine Vorhut der Armee Marschall Konjews, die in deutsche Gefangenschaft geraten war? Aufklärer dieser Armee, die bei dem Drang, wissen zu wollen, was sich im Westerzgebirge abspielt, in Gefangenschaft geraten waren? Möglich, denn sie hatten es mit einem besonders abgebrühten Gegner zu tun. Doch wenn diese nicht zurückgekommen wären, hätte Konjew seine Truppen kaum wochenlang an der vereinbarten Linie stehen lassen, ohne direkten Kontakt mit den Amerikanern aufzunehmen. Also ausgeschlossen.

Kriegsgefangene, die an der Handlung der 83 Häftlinge beteiligt waren? Russische Kriegsgefangene gab es laut Aussagen älterer Bewohner in der Gegend nur in der Ziegelei, und das waren nicht so viele. Höchstens 10 Mann; sechs davon haben bei der Beisetzung der Toten geholfen. Und es gibt die Aussage der Schlemaer, die die Toten vom Sportplatz zum Grab am Kohlweg transportieren mußten. Sie beinhaltet auch, daß am Kohlweg bereits Leichen lagen, als die

Gespanne mit den toten Häftlingen dort ankamen. Mit Dek-
ken abgedeckt.

Diese seltsamen Aussagen veranlaßten uns, die Gegend um
das Massengrab näher zu untersuchen. Dabei stießen wir auf
eine erstaunliche Erscheinung: Ungefähr 50 Meter vor dem
Grab stehen in dem Wald noch einige Buchen, die älter als
die anderen Bäume sind. Sie müssen so zwischen hundert
und hundertfünfzig Jahre alt sein. An einer dieser Buchen
sind in Brusthöhe Einschüsse zu sehen, die vor ungefähr
fünfzig Jahren entstanden sind. Das könnte die Stelle sein,
an der die Männer erschossen wurden, die schon am Kohlweg gelegen haben sollen.

Und noch etwas stellten wir an dieser und weiteren zwei Buchen fest. Einritzungen, die eine Wegstrecke in Form eines
Pfeils bis zu einer Bergspitze darstellen. Identische Einritzungen, die zeitgleich mit den Einschüssen in den Baum
entstanden sind. Das heißt, nicht ganz zeitgleich. Die Einschüsse waren später, denn sie trennen an dem Baum, der
beide Merkmale besitzt, die Linien der Skizze.

Hier haben also die Männer gestanden, die man nicht auf
dem Sportplatz erschoß. Aber warum eigentlich nicht auch
dort? Sollte sie keiner sehen? Sind sie überraschend, also
ahnungslos, erschossen worden?

Einer dieser Männer muß gespürt haben, daß die Vorgänge
auch für ihn tödlich enden, sonst hätte er nicht versucht, den
Zusammenhang zwischen dem 'Osterlammstollen' und einer
Bergspitze zu hinterlassen, die nicht in unmittelbarer Nähe
liegt. Ein etwas längerer Weg muß dort hinführen. Der Weg
zum Poppenwald? Stark möglich, denn im Poppenwald sind
wir bei der Suche nach Hinweisen auch auf einige Einritzungen in Buchen gestoßen, die aus der gleichen Zeit stammen
und möglicherweise von derselben Person sind. Alle Einritzungen befinden sich genau am kürzesten Weg von den
Felsklippen im Poppenwald zum Grab am Kohlweg.

Wer hatte die Zeit und Möglichkeit gehabt, diese Einritzungen vorzunehmen? Ein Häftling wohl kaum. Einer der

Bewacher dieser Häftlinge? Der müßte dann aber ein Russe oder so ähnlich gewesen sein, denn die Einritzung ist mit Buchstaben versehen. Und zwar mit kyrillischen. Unter einem gezeichneten Abhang, der in der Form den Klippen entspricht, die ungefähr 150 m entfernt sind, steht in kyrillischen Buchstaben "c K.". Übersetzt und frei interpretiert könnte es heißen: "mit K." (K = Komnata? Also "mit Raum"? Oder "mit Zimmer"?). Demnach keine Häftlinge. Wurden sie aus diesem Grund nicht auf dem Sportplatz von Niederschlema erschossen?

Waren es Männer des ehemaligen Regiments "Kurfürst", die sich bis kurz vor dem Ende des Krieges noch in dem Gelände aufhielten, weil man sie für das Vorhaben gegen Rußland noch brauchte? Weil sie die einzigen Soldaten waren, die bei einer eventuellen Weiterführung des Krieges gegen Rußland sofort ihre geplante Aufgabe im Hinterland des Feindes erfüllen konnten. Denn in der ganzen alliierten Streitmacht gab es solche Spezialisten nicht.

Sie hätten auch als einzige den Kontakt zu den Leuten herstellen können, die bereits in der Gegend der sowjetischen Rüstungsindustrie operierten und die garantiert nicht alle von den Russen geortet und vernichtet worden waren. Die zu dem Zeitpunkt auch sicher nicht genau wußten, was sich gerade in der Weltgeschichte abspielte. Und weil sie gefährliche Mitwisser waren, die erstens wußten, was sich im Poppenwald im April '45 so abgespielt hatte, und zweitens unliebsame Mitwisser eines Vorhabens waren, das nicht gelungen, aber geplant war.

Geplant von Militärs, Wirtschaftsmagnaten und Teilen des deutschen Adels, was im übrigen sowieso beinahe eins war, die ihr Deutsches Reich mit ihrer Ordnung wiederherstellen wollten. Vorbereitet und organisiert von Männern der Geheimdienste dreier Länder.

Deutschland sollte Deutschland in ihrem Sinn bleiben. Bleibt immer noch die Frage offen, warum es nicht geklappt hat und welche Rolle das Bernsteinzimmer dabei spielen sollte. Also noch einmal zum Admiral und seinen Männern, die spätestens seit 1942 versuchten, das sinkende Schiff "Deutschland" zu retten. Wie das aber bei Rettungsaktionen mit verschiedenen Rettern so ist, sie stehen sich mitunter selbst im Wege. Vor allem dann, wenn sie die Verunglückten mit verschiedenen Therapien heilen wollen.

In den Jahren 1942 bis 1945 gab es ja nicht nur die Bemühungen von Canaris, den unseligen Krieg in eine andere Richtung zu lenken. Sein Stabschef Oster und der spätere erste Spionagechef im "Amt Blank" der Bundesregierung, Oberstleutnant Friedrich Wilhelm Heinz zum Beispiel waren mit die engagiertesten Männer, die jede Menge Aktivitäten entfalteten, um den Führer des Deutschen Reiches, den Anstreicher und Gefreiten des Ersten Weltkrieges Adolf Hitler alias Schicklgruber, zu stürzen. Gemeinsam mit ihren Gesinnungsbrüdern hatten sie bis 1945 mehrere Versuche unternommen, dem schnurrbärtigen Fanatiker den Garaus zu machen. Den endgültigen Mut dazu brachten jedoch fast alle nicht auf. Fast alle.

Canaris hat diese Bemühungen immer aus der Sicht eines außenstehenden Neutralen betrachtet. Er wußte, daß allein der Tod des Führers nicht die Probleme Deutschlands lösen würde. Was kommt danach? Solange das nicht geklärt war, vor allem in Abstimmung mit den Großmächten Europas und den USA, war das Vorhaben einer gewaltsamen Beendigung des Hitlerregimes ein fragwürdiges Unternehmen. Jedenfalls für ihn.

Der Tod eines Diktators allein beendet nicht die Diktatur generell. Daß Canaris und die hinter ihm stehenden Kräfte recht hatten, beweist das verunglückte Unternehmen des Oberst Graf von Stauffenberg. Man kann den Mut des Oberst Stauffenberg nur bewundern, muß aber der Wahrheit genüge tun und feststellen, daß das Vorhaben vom 20. Juli 1944 ein schlecht vorbereitetes Unternehmen war. Die Folge war der Tod vieler aufrechter Deutscher und eine weitere Verschärfung der Lage in Deutschland. Das hatten die Männer des 20. Juli nicht bedacht.

Canaris wurde zwar immer mit diesem Umsturzversuch in Verbindung gebracht, aber der endgültige Beweis für sein Mitwirken konnte von den Hitlergetreuen nicht ermittelt werden. Zu dem Zeitpunkt war er auch nicht mehr Chef des Amtes Ausland/Abwehr. Himmler und Kaltenbrunner hatten es geschafft, den Geheimdienst der Wehrmacht in ihren Machtbereich zu bekommen.

Nachfolger des Admirals war Oberst Hansen geworden, der bis dato, nach Ablösung des unter dem Verdacht der landesverräterischen Verschwörung stehenden Osters, dessen Stellvertreter war.

Canaris mußte sich im März auf die Burg Lauenstein begeben und stand dort unter einer Art Hausarrest.

Von März bis Mai 1944 gab es einen Machtkampf zwischen dem Reichssicherheitshauptamt und dem Oberkommando der Wehrmacht um die Aufteilung der Kompetenzen im Amt Ausland/Abwehr. Müßig, das hier im einzelnen zu beschreiben. Das Ergebnis war allerdings für meine Nachforschungen wesentlich interessanter.

Es war, wie Heinz Höhne in seinem Buch schreibt, ein wunderliches Werk geheimdienstlicher Fusion – zusammengehalten von einem Gespinst komplizierter Unterstellungsbestimmungen, die mit papierner Genauigkeit fixierten, wo im neuen Erkundungsapparat die truppendienstlichen Kompetenzen der Wehrmacht aufhörten und die fachlichen Weisungsbefugnisse des Reichsführers–SS begannen. [36] Einfach gesagt: ein kompliziertes Durcheinander, das nur den Eingeweihten vertraut sein konnte. Ergebnis dieser seltsamen Geschichte war denn auch, daß noch Jahre danach – selbst Historiker – oftmals SS und Abwehr in einen Topf warfen.

Dieser Irrtum ist ja dann auch den Stasi–Suchern um Enke mehrfach passiert. Beispielsweise bei der Einordnung des Gustav Wyst und anderer. Wyst wurde von Enke zum SS–Mann gemacht, obwohl man ihn in keiner Soldliste oder ähnlichem fand. Übersehen hatte man auch, daß der Postschutz erst seit Sommer 1944 dem RSHA unterstand.

Wie auch immer, Teile der alten Organisation lebten unter anderen Unterstellungen fort. Canaris konnte seine Isolation wieder verlassen. Auf sehr seltsamen Wegen, die sich bis heute keiner erklären kann, gab Hitler den Forderungen unbekannter Kreise nach und besetzte das Amt des Chefs des OKW–Sonderstabes für Handelskrieg und wirtschaftliche Kampfmaßnahmen mit dem Admiral. Das war Ende Juni '44.

Der schon mehrfach erwähnte Baron Kaulbars soll gegenüber der Gestapo geäußert haben, daß sich schwedische Kreise für die Reaktivierung des Admirals stark gemacht hatten. Ich vermute, Wirtschaftsgrößen hatten durchgesetzt, daß Canaris wieder zur Verfügung stand, denn er war der Mann, der mit seinen Auslandsverbindungen in der Lage war, die immer stärker wirkende alliierte Wirtschaftsblockade zu entschärfen. Selbst neutrale Länder wie Schweden und die Schweiz beschäftigten sich mit dem Gedanken, ihre Deutschlandexporte einzustellen. Das wäre für die Deutschen äußerst unangenehm gewesen.

Keine Vermutung dagegen ist die Lage, in der Deutschland sich im Sommer '44 befand: Am 6. Juni waren die Westalliierten an der Küste der Normandie gelandet. Die Deutschen Truppen hatten sie dort nicht erwartet – ein Beweis für die mangelhafte Arbeit des ehemaligen Canarisschen Geheimdienstes, die wiederum mit dem Machtgerangel zwischen Wehrmacht und Reichssicherheitshauptamt (RSHA) zwischen Februar und Juni '44 erklärbar wäre. Oder war das fehlende Wissen über die Absichten der Alliierten vorsätzlich? Denkbar wäre diese Variante, denn sie würde in die Pläne eines Canaris passen.

An der Ostfront hatte die Rote Armee am 22. Juni ihre große Offensive begonnen und ebenfalls große Erfolge erzielt. Die Heeresgruppe Mitte war überrollt worden, und es zeichnete sich ab, daß Deutschland in der Zange der Alliierten nicht überleben konnte.

Wer jetzt noch Deutschland retten wollte, mußte handeln. Das taten dann die Männer um Oberst Stauffenberg. Mit dem Ergbenis, daß die offenbar direkt Beteiligten sofort erschossen wurden und andere in den Gefängnissen der Gestapo auf ihren Tod warteten.

Canaris war wohl von dem Vorhaben des Oberst Stauffenberg unterrichtet, laut dem Biografen von Freytag–Loringhoven [37], bezweifelte aber, daß der Oberst der richtige Mann für ein solches Vorhaben war. Außerdem arbeiteten die Männer um Stauffenberg mit Kommunisten zusammen; und das war für Canaris indiskutabel.

Der Mann, der jahrelang die deutschen Rüstungsfabriken von verdächtigen Marxisten "säubern" und "Rote Spione" jagen ließ, würde niemals Kommunisten als Partner im Kampf gegen Hitler akzeptieren. [38] Er beteiligte sich nicht an dem Putschversuch, unternahm aber auch nichts dagegen. Canaris verfolgte seine eigenen Pläne. Und die standen im Sommer '44 in Verbindung mit solchen Leuten wie Baron Kaulbars, Oberst Freiherr Wessel von Freytag–Loringhoven und dem Pianisten Helmut Maurer, der oft zu ihm kam, um mit Klavierspiel die "Langeweile" im Haus Canaris zu vertreiben.

Anmerken sollte ich wohl, daß "Onkel Mau", wie er von Canaris genannt wurde, der angeblich einzige Freund des Admirals war, der ihn noch mit der Abwehr verband. Maurer war Zivilangestellter der Abwehr und als solcher immer noch im RSHA tätig. Nach dem Ende des Hitlerregimes galt er als unermüdlicher "Gralshüter der Canaris–Legende".

Am 20. Juli '44 saß er wie zufällig mit Kaulbars bei Canaris beim Nachmittagskaffee, als dieser von dem Attentatsversuch unterrichtet wurde. Canaris hatte also noch seine Verbindungen zu den Kreisen, die mit ihm seit 1942 und früher versuchten, Deutschland wieder in "geordnete" Machtverhältnisse zu führen.

Eine nicht unwesentliche Person schien mir dabei auch sein Freund Friedrich Wilhelm Heinz zu sein, mit dem er schon bei der Organisation und Realisierung des Kapp–Putsches im Jahr 1920 zusammengearbeitet hatte. Beide von der Hoffnung getragen, mit dem Gelingen des Putsches die kaiserliche Familie wieder in Rang und Würden zu heben.

Dieser Heinz galt als Literat und Kunstverständiger und – wie Canaris – als Anhänger der Monarchie. Er soll auch der Ziehvater der Töchter des älteren Enkels Wilhelm II., Wilhelm Prinz von Preußen, nach dessen Tod im Jahre 1940 gewesen sein.

Logischerweise holte sich Canaris seinen in gemeinsamen Kämpfen erprobten Freund in den Wirkungsbereich des Amtes Ausland/Abwehr, wie viele andere aus Reichswehr und SA. Dort war er unter anderem auch Chef des Ressorts Propaganda, Propagandaabwehr, Presse, Bild, Film und Funk. Ein Mann, in dessen Bereich auch die sogenannten Kunstschutzoffiziere fielen. Auch genau der Mann, der im Juni 1942 mehrere Kisten mit Unterlagen über Putschvorbereitungen der Abwehr im Safe einer Bank verschwinden ließ, diese aber im Sommer 1943 wieder in die Panzerschränke der Bunker des Lagers Zeppelin in Zossen legte, um sie im Falle des Gebrauchs bei der Hand zu haben. Zossen war eine wichtige Außenstelle der Abwehr.

Er war aber auch der Mann, der 1943 aus dem administrativen Bereich der Abwehr wieder in den operativen versetzt wurde. Er wurde Regimentskommandeur in der Division "Brandenburg". Gegen den Willen des Divisionskommandeurs Generalmajor Alexander von Pfühlstein, der als Militär sogenannte "Politiker", wie seiner Auffassung nach Heinz einer war, im Truppendienst nicht brauchbar fand.

Aber was soll man machen. Der Chef war dessen Freund, und der Chef war Canaris. Außerdem war Heinz schon vor der Zeit im Amt Bataillonskommandeur der "Brandenburger". Friedrich Wilhelm Heinz war aber auch der Mann, der nach dem Attentat der Gruppe um Stauffenberg zwar vom Gestapokommissar Sonderegger wegen eventueller Mittäterschaft verhört, dann aber mangels Beweise freigelassen wurde.

Als Sonderegger später durch die Aussagen des ehemaligen Fahrers von Heinz, einem SD–Spitzel, um die tatsächliche Mittäterschaft des Regimentskommadeurs der "Branden-

burg" erfuhr, ihn als einen entscheidenden Drahtzieher der
Verschwörung gegen Hitler erkannte und ihn verhaften wollte, war dieser unauffindbar. Seit August '44 galt er als angeblich spurlos verschwunden.

Der April 1945

Das Geheimnis jeder Macht besteht darin, zu wissen,
daß andere noch feiger sind als wir.

(L. Börne)

Trotz der erneuten Entmachtung des Admirals – er wurde am 23. Juli 1944 unter dem Verdacht der Mittäterschaft am Attentat auf Hitler verhaftet – und der Ermordung mehrerer führender Köpfe des Widerstands, durfte das Vorhaben, Deutschland mit den Westalliierten zu verbünden und gemeinsam den Feind, das bolschewistische Rußland, wenigstens aus Deutschland zu vertreiben, nicht scheitern.

Das zumindest war die Absicht der Verschwörer. Noch waren einige der Männer, auf die die Amerikaner und Briten wahrscheinlich setzten, nicht tot.

Es gab andere, die das Vorhaben realisieren konnten. Aber nur unter der Bedingung, daß die Hitlergetreuen nicht die Männer, die weitermachen konnten, auch noch in ihre Hände bekamen.

Verhör über Verhör mußten die Gefangenen über sich ergehen lassen. Daß dabei auch mal einer schwach wurde und verriet, was er wußte, um seine Haut zu retten, ist wohl mehr als verständlich.

So gab der Kommandeur der "Brandenburg", Alexander von Pfuhlstein, zu Protokoll: "... allmählich bekam ich den Eindruck, daß Admiral Canaris gar nichts daran lag, diese Truppe (seine Division, d.A.) schnell wieder an die Front zu bringen."

Es sei Canaris nur darauf angekommen, "für eine erwartete kritische Situation eine zuverlässige Truppe in der Hand zu haben, Schutz für das Amt Ausland/Abwehr und eine Leibwache für sich selbst."

Was für eine Situation, wollte der General angeblich nicht wissen, aber sie mußte nach seiner Auffassung mit der Entmachtung Hitlers als Oberbefehlshaber der Wehrmacht zu tun gehabt haben. [39] Canaris habe bereits im Sommer 1943 geäußert, daß dieser Krieg das Jahr 1943 nicht überstehen werde. Geäußert in Gesprächen, bei denen Armeeeführer und Feldmarschälle anwesend gewesen sein müssen, denn Pfuhlstein begründete sein Wissen und Schweigen damit, daß er nie auf den Gedanken gekommen sei, daß von solchen Leuten illegale Dinge betrieben würden. Die genannten Teilnehmer an den Gesprächen mußten sogar den Vernehmer des Generals, Gestapokommissar Sonderegger, überzeugt haben, denn der Herr von Pfuhlstein wurde im Ergebnis der Untersuchungen nur zum Soldaten degradiert und entlassen.

Wie schön für den Mann, daß man ihm seine vorgetäuschte Dummheit abnahm.

An dieser Stelle muß ich wieder pragmatisch werden: Es müssen also im Jahr 1943 Gespräche mit hohen und höchsten Generalen und weiteren an dem Vorhaben beteiligten Personen, zum Beispiel auch dem Kommandeur der Division "Brandenburg", stattgefunden haben, bei denen man gewisse Ecktermine für ein weiteres Vorgehen in Deutschland in Aussicht stellte.

Was dort wirklich besprochen wurde, steht vielleicht nur in den berühmten und ewig gesuchten Tagebüchern des Admirals. Tagebücher, die der große Geheimdienstmarabu bis zu seiner Entmachtung akribisch geführt haben soll.

Die Äußerungen wurden sicher auch gemacht, um den Beteiligten weitere Handlungsrichtlinien zu geben. Denn bei so einer geheimen Geschichte geschieht nicht so viel ohne Absicht und schon gar nicht mit "Unwissenden".

Aber es geschehen auch Dinge, die nicht beabsichtigt sind und von Mitwissern zum eigenen Nutzen organisiert werden. Dinge, die einem Bernsteinzimmersucher fünfzig Jahre danach noch einen "Aha—Effekt" bescheren.

Im von mir schon mehrfach erwähnten Erzgebirge, genau in dem beschaulichen Ort Schwarzenberg, gab es bis 1945 den in Sachsen und Deutschland bekannten Industriellen Krauß. In seinen Werken wurden neben Badewannen, Eimern und Behältern für Gasmasken auch Waschmaschinen und andere Haushaltsgeräte hergestellt. Krauß war eine führende Person in der NSDAP in Sachsen. Er war Gaukulturwart, obwohl er als kein überzeugter Nazi galt.

Genau dieser Krauß wird in den Akten "Puschkin" mehfach als ein Mann erwähnt, der mit den höchsten Kreisen der NS–Führung liiert war. Der sächsische Gauleiter Mutschmann soll sich sogar bis zum 16. Mai '45 in dessen Villa versteckt gehalten haben.

Die Stasi suchte seinen von ihm angelegten geheimen Stollen im Raum Aue/Schwarzenberg. Den unteren und den mittleren Krauß–Stollen hatte man auch gefunden. Der nach Stasilogik noch existierende obere Krauß–Stollen blieb immer ein Phantom.

Und eben von diesem Krauß erzählt Ingeborg Zeissig aus Schwarzenberg, die bei Kriegsende in dessen Firma gearbeitet hatte, in einem Filmchen über das Wunder der "Republik Schwarzenberg", daß Herr Krauß nicht nur Industrieller und Mann mit Verbindungen war, sondern auch ein Hellseher. Wie viele wohl in dieser Region? Das scheint eine regelrechte Hellsehergegend gewesen zu sein.

Die Frau Zeissig rühmt ihren damaligen Chef wegen seiner weisen Voraussicht, bereits im Sommer 1943 wieder mit der Herstellung von Friedenswaren begonnen zu haben. Er hatte bereits zu diesem Zeitpunkt in seiner Firma die Produktion von Waschmaschinen und anderen Dingen angekurbelt, die dann bis 1945 gelagert und von den Schwarzenberger Republikanern im unbesetzten Sommer 1945 als Tauschwaren im Handel mit anderen Regionen genutzt wurden.

Diese weise Vorraussicht hatte der Mann entgegen Hitlerschen Anordnungen zum Einsatz der Industrie für den totalen Krieg. Wieder so ein Zufall oder mehr?

Nach ihrem Leidensweg durch die Gefängnisse der Gestapo kamen Canaris, Oster und andere in das KZ Flossenbürg. Sie wurden dort in einem vom Rest des Lagers getrennten Bunker untergebracht, in dem noch einige andere Geheimdienstleute inhaftiert waren. Zum Beispiel auch der Däne Hans Mathiesen Lunding, der die Haft überlebte und in der Lage war, den mutmaßlichen Tod des Admirals zu bestätigen, sowie der zu den Gefangenen gehörende Prinz Philipp von Hessen.

Aber wie kam es überhaupt zu der Hinrichtung des Admirals. Warum mußten einen Monat vor der bedingungslosen Kapitulation Deutschlands noch Männer sterben, denen man seit dem 20. Juli '44 versuchte, Mitwisserschaft am Attentat auf Hitler zu beweisen? Warum wurden diese Männer nicht wie Stauffenberg und andere schon nach dem mißglückten Umsturzversuch erschossen? Ohne großen Prozeß und Befragungen. Nur, weil – wie Geschichtsschreiber uns glauben machten – zu wenig Beweise vorlagen? Oder fürchtete Hitler den Einfluß der Männer, die hinter Canaris standen?

Wie ja bekannt ist, wurden Canaris, Oster und ein Teil ihrer Gleichgesinnten in verschiedene Konzentrationslager gebracht. Erhoffte man sich von den Gefangenen mehr zu erfahren, oder wollte man sie für alle Fälle aufheben, um sie letztendlich doch noch als Mittler zur Verfügung zu haben?

War das vielleicht eine Art Lebensversicherung von Himmler? Oder Bormann oder Göring?

Erwin Keiluweit, der Transportbegleiter des Bernsteinzimmers von Königsberg nach Thüringen, hat in dem Gespräch mit dem Journalisten Reinhard Borgmann und in früheren Gesprächen mit Stasioffizieren behauptet, daß er sich im Reichssicherheitshauptamt zu melden hatte. Für einen Angehörigen des ehemaligen Regiments "Kurfürst" eigentlich ein ungewöhnlicher Ort zur Vollzugsmeldung.

Es sei denn, der Transport fand mit Genehmigung des Mannes statt, der bis April '45 seine schützende Hand über Canaris und Co. gehalten hatte. Der Mann, der vielleicht in die

Geschichte eingeweiht war und nach dem großen Zusammenbruch Nutznießer sein wollte.

Bormann, der, wenn man Gerüchten älterer Leute aus Schwarzenberg und Umgebung Glauben schenkt, ein Duzfreund vom Hellseher Krauß aus Schwarzenberg und Gauleiter Mutschmann war, die beide zweifelsfrei von der geplanten Nichtbesetzung des Westerzgebirges gewußt haben müssen.
Er war aber auch der Vorgesetzte und Parteifreund von Gauleiter Koch.

Das wiederum würde erklären, wieso mit dem streng geheimen Transport des Bernsteinzimmers die private Kunstsammlung von Koch befördert wurde und wie dessen "Verwalter", Gustav Wyst, zum Transportbegleiter wurde, der als einziger Mitwirkender zu dem Zeitpunkt schon "Zivilist" mit besonderem Auftrag war.

Mit dem besonderen Auftrag, sich nach der Entscheidung, was denn nun mit Deutschland wird, um die Kunstgegenstände des Herrn Koch zu kümmern?

Schließlich hatte man eine gewisse Hoffnung, diesem totalen Zusammenbruch doch noch zu entkommen. Da war ja etwas geplant, was einige Chancen einräumte. Koch hat es ja auch geschafft, bis 1949 untergetaucht zu leben, bis ihn der britische Geheimdienst aufspürte.

Bormann hat man bis Anfang der siebziger Jahre noch als vermißt gemeldet und seine mögliche Leiche erst 1971 in Berlin gefunden. Nach intensiven Untersuchungen hat man festgestellt, daß Bormann an Zyankali gestorben sei. Ob Selbstmord oder nicht, konnte nie geklärt werden. Bedenken sollte man dabei, daß es sich um den zweiten Mann im "Großdeutschen Reich" handelte.

Aber reden wir weiter vom Admiral Canaris und seinen Mitgefangenen.

Belegt ist, daß am 6. Februar '45 ein Bus mit Canaris und den anderen Verschwörern vom Reichssicherheitshauptamt Berlin nach Flossenbürg fuhr.

Drei Tage später kam in Weimar der Transport mit Kochs angeblichem Kunstraub an und wurde dem Museumsdirektor Dr. Scheidig übergeben. Nicht einzeln, sondern nur die Kisten und Säcke wurden gezählt. Das bedeutet, der Transport sollte dort nicht verbleiben. Sonst hätte man eine genaue Bestandsaufnahme gemacht. Verantwortlich dafür war ein A. Popp. Der hatte das Protokoll unterschrieben. Der Direktor des Museums Weimar bezeichnete ihn als Verwalter des Gauleiters Koch, das war er aber nicht. Eine Verwechslung also, ob gewollt oder nicht, sei dahingestellt.

Zum ungefähr gleichen Zeitpunkt wurden auch die Kisten mit dem Zimmer im Schloß Reinhardsbrunn eingelagert. Also eine deutliche Trennung der Kunstgüter.

Das bedeutet logischerweise, sie waren zu dem Zeitpunkt für unterschiedliche Zwecke vorgesehen, sonst hätte man nicht diesen Aufwand betrieben. Aber organisiert und befohlen muß es doch jemand haben. Und zwar jemand, der mit den handelnden Personen im Zusammenhang stand. Auch mit den "Besitzern" des Bernsteinzimmers.

Wilhelm Canaris? Kaum möglich, der war KZ–Häftling. Wer also hat das Verschwinden des Bernsteinzimmers organisiert?

Was für ein Häftling Canaris war, darüber mögen sich die Leser selbst eine Meinung bilden. Ich zitiere die Aussage des Mitgefangenen Lundig, die in mehreren Büchern über den Admiral bereits gedruckt wurde. "Äußerlich blieb Canaris gelassen und ungerührt. Canaris' gepflegte Erscheinung täuschte über seine innere Verfassung hinweg; er trug einen hellgrauen Anzug, hatte stets ein sauberes weißes Hemd und eine sorgfältig ausgewählte Krawatte angelegt. Trat Canaris zum 'Bewegungsgang' (hier war er erlaubt) auf den Hof, vergaß er nie, seinen Mantel anzuziehen. In der Einsamkeit seiner Zelle aber war er ein verzweifelter Mensch."

Ein unerwarteter Zufall setzte aber diesem Sonderhäftlingsdasein ein jähes Ende. Zu den Verteidigern von Berlin gehörte im April 1945 auch der General der Infanterie, Walter Buhle. Einer der Durchhalteapostel, die für ihren "Führer" bereit waren, Deutschland zu opfern. Buhle war einer der Generale, die beim Attentatsversuch Stauffenbergs auf Hitler in der "Wolfsschanze" verletzt wurden. Dieser General hatte die Order, sich im Lager Zossen Räume für seinen Stab zu suchen, um von dort aus an der Verteidigung Berlins mitzuwirken.

Der Zufall wollte es, daß er, oder einer seiner Leute, in einem abgelegenen Raum einen Panzerschrank entdeckte. Nachdem der geöffnet wurde, stellte Buhle fest, daß ihm ein dicker Fisch ins Netz gegangen war.

Der Panzerschrank enthielt die gesuchten Tagebücher des Admirals Canaris.

Natürlich hatte Buhle nichts anderes zu tun, als den Fund dem Chef der Sicherheitstruppe Hitlers, dem SS–Brigadeführer Rattenhuber, zu übergeben. Der sandte sie sofort entweder Kaltenbrunner, dem Chef des SD, oder dem Gestapochef Müller. Egal, wem auch immer, es war am 4. April 1945, als Hitler die Tagebücher durch Kaltenbrunner vorgelegt bekam, und er nach der Lektüre einiger von Kaltenbrunner angestrichener Stellen den Befehl gab:

"Sofortige Vernichtung der Verschwörer!"

Und dann ging es sehr schnell. Zu schnell, um dem Mann, der die "Verschwörer" bisher schützen konnte, Zeit zum Handeln zu lassen. Außerdem hätte er riskiert, mit in den Strudel der Gewalt gerissen zu werden, denn einen Monat vor dem totalen Ende war der wund gerissene Wolf unberechenbar.

Schon am 6. April wurde von einem Standgericht in Oranienburg der Gefangene Hans von Dohnanyi zum Tod durch den Strang verurteilt. Der genaue Vollstreckungstermin des Urteils ist nicht bekannt. Man nimmt aber an, daß die Ermordung zum gleichen Zeitpunkt wie die Hinrichtungen in Flossenbürg stattfand.

Am 8. April schon vollzog der gleiche Ankläger wie in Oranienburg, Huppenkothen, in Flossenbürg das Schauspiel eines Prozesses. Bezeichnend für die Eile war auch, daß der

Prozeß gegen den Canaris/Oster–Kreis an einem Sonntag stattfand. Man konnte sich keinen Zeitaufschub leisten.

Bemerkenswert auch, daß die vorgebrachten Anschuldigungen aus einer Führervorlage Huppenkothens von 1944 stammten und die Tagebucheintragungen des ehemaligen Chefs des Amtes Ausland/Abwehr nicht einmal erwähnt wurden. Waren sie zu kompromittierend, und bestand die Gefahr, daß mit Veröffentlichung dieser Tagebücher auch Leute als Hitlergegner erkannt wurden, die bis dato als Hitlergetreue galten? Oder befürchteten diese Gefolgstreuen, daß die Wehrmachtsführung bei Bekanntwerden des Gesamtumfangs und des Zieles der Verschwörung sofort ihre Waffen und Truppen gegen sie richten würde? Da ist es zweckmäßiger, wenn man voller Rache den Kopf der Verschwörung abschlägt, und was niemand erfahren soll, wird mit Zyankali geselbstmordet.

Im Morgengrauen des 9. April 1945 wurden fünf der Sonderhäftlinge des KZ Flossenbürg hingerichtet. Aber eben nur fünf. Admiral Canaris, die ehemaligen Geheimdienstoffiziere Oster und Gehre, der ehemalige Geheimdienstmitarbeiter und Theologe Bonhoeffer sowie der Kriegsgerichtsrat Sack.

Andere durften weiterleben, wie zum Beispiel der Mitgefangene Prinz Philipp von Hessen, Verwandter der letzten russischen Zarin Alice von Hessen–Darmstadt, der auch in den Sachen der Toten die letzte Lektüre des Wilhelm Franz Canaris gefunden haben will: Die Hohenstauffer–Biografie "Kaiser Friedrich II."

Und dann gab es noch eine bemerkenswerte Geschichte in den letzten Tagen im KZ–Flossenbürg: Die Mitteilung, daß die Urteile der restlichen Sonderhäftlinge nicht mehr vollstreckt werden, erhielten die todgeweihten Männer am 9.April '45 von einem an diesem Tage als Kriegsgefangenen neu eingelieferten britischen Offizier. Dieser durfte sich relativ frei im Gelände bewegen und teilte den Gefangenen die Nachricht bei der Essenausgabe mit.

Und genau an diesem Morgen, dem 9. April 1945, tauchte plötzlich in Weimar der Standartenführer des NSDFK, Alfred

Popp, mit Fahrzeugen des Schweizer Roten Kreuzes auf und holte die von ihm eingelagerten Kunstgegenstände ab, nachdem das gleiche bereits im Schloß Reinhardsbrunn passiert war und sich dies am 10. April in Weimar wiederholte. Diese Transporte konnten nur noch ein Ziel haben. Den Raum, von dem der Transportleiter wuße, daß er ihm noch genügend Zeit zum Verstecken seiner Schätze ließ; schließlich hatte er dort auch seine Dienststelle angesiedelt. Schätze, die nicht mehr ihrer Bestimmung zugeführt werden konnten und deshalb verschwinden mußten, denn schon am 12. April nahmen die Amerikaner Weimar ein.

Andere Truppen marschierten weiter bis in den Raum Auerbach/Vogtland–Zwickau, wo sie am 13. April ihren Vormarsch stoppten und dann das Gebiet Schwarzenberg–Aue nicht mehr besetzten.

Noch 24 Stunden danach wurden auf dem Sportplatz Schlema 83 KZ–Häftlinge getötet. Und 12 Stunden vorher wurden 18 "Sowjetsoldaten" erschossen, allerdings im Wald, unmittelbar neben dem späteren Massengrab.

Am 15. April wurden die Sonderhäftlinge des KZ Flossenbürg mit einem LKW abtransportiert. Laut Dokumenten, um sie nach Dachau zu bringen. Dort kamen sie aber nie an. Ein mutiger Wehrmachtsoffizier soll sie den Bewachern entrissen haben und mit dem Transport auf direktem Weg zu den Amerikanern gefahren sein. [40]

Ob mutig oder nicht, jedenfalls konnten einige dieser Häftlinge das Ende der Hitlerära überleben.

Am 12.April 1945 verstarb der Präsident der USA, Franklin Roosevelt. Seine letzte Amtshandlung soll ein Telegramm an Stalin gewesen sein, in dem er ihm mitteilte, daß die zwischen Deutschen und Amerikanern in der Schweiz laufenden Geheimverhandlungen auf seine Anordnung hin abgebrochen wurden. Im Zuge dieser Weisung soll dann am 13. April '45 der Kommandierende der 12. US–Army–Group, General Nelson Bradlay, dem Chef der 3. US–Army General Patton den Befehl übermittelt haben, den Vormarsch der 71.

Infanteriedivision an der Linie Auerbach–Zwickau zu stoppen. Was dann auch geschah. Man besetzte bis 17.April nur noch den Raum Zwickau und überließ den deutschen Truppen das Gebiet des Westerzgebirges, um sich zu sammeln und organisiert in amerikanische Gefangenschaft zu marschieren.

Und was taten Popp und Konsorten?

Paul Enke und seine Stasifahnder haben versucht, diese Geschehnisse ziemlich genau aufzuklären. Wenn man diesen Ermittlungsergebnissen Glauben schenkt, dann spielte bei diesen Ereignissen auch noch die Hitlerschwester Angela Hammitzsch–Hitler eine Rolle.

Bormann habe dem sächsischen Fliegerkorpschef Popp den Auftrag erteilt, sich um den weiteren Verbleib dieser Dame und ihrer Schwiegertochter, der Ehefrau des in der japanischen Botschaft sitzenden Geheimdienstoffiziers Horst Hammitzsch, zu kümmern.

Ein seltsamer Auftrag für einen Fliegeroffizier ohne Flugzeuge. Solche Transporte erledigten doch eigentlich Spezialisten der SS oder der Wehrmacht. Die Männer der Division "Brandenburg" hatten nicht nur einmal derartig gefährdete oder besonders zu sichernde Transporte erledigt. Die Reichskanzlei Bormanns hatte auch noch die von Rattenhuber geleitete Sicherheitstruppe Hitlers. War dessen Schwester kein besonders zu sichernder Transport, oder verfügte Popp über Leute, die das besser konnten? Passierte hier etwas, von dem Hitler und seine Durchhalter nichts wissen sollten?

Wie kam der zweite Mann im Staat, der Sekretär des Führers, der Bormann auch war, dazu, einen NS–Standartenführer aus Sachsen mit solch internen Aufgaben zu betreuen?

Vielleicht, weil der seine Dienststelle in Johanngeorgenstadt hatte? Jedenfalls ab Sommer 1944, als er dieses Amt übernahm. Oder verbanden diese Herren andere Gemeinsamkeiten?

In der Nacht vom 11. zum 12. April 1945 jedenfalls ließ Popp seine Familie mit ein paar Kisten aus Elsterberg holen, um sie nach Rodewisch bei Auerbach zu bringen. Hier befand sich Popp mit seinen Leuten. Das sind übrigens nur ganze 20 km ostwärts. Wozu der Aufwand?

Rodewisch befand sich allerdings östlich der Linie Auerbach–Zwickau, an der die Amerikaner ihren Vormarsch stoppten. Elsterberg wurde noch besetzt. Am Tag darauf ging die Fahrt weiter nach Johanngeorgenstadt. Untergebracht hat der seltsame Fliegeroffizier seine Familie dann in Schwarzbach, ca. 5 km vor Schwarzenberg. Das heißt, nur 59 km von Elsterberg entfernt, wo sie bis Ende Mai verblieb.

Danach gingen sie in die amerikanisch besetzte Zone, nach Elsterberg zurück. Was für eine seltsame Flucht vor dem Feind. Und das Ganze fand wiederum mit einem LKW des Roten Kreuzes statt, der von einem deutschen Fliegeroffizier gesteuert wurde.

Allerdings ohne Bernsteinzimmer, aber mit dem privaten Schmuck der Frau Popp, den ihr Mann dann mitnahm und laut ihren Aussagen ebenfalls versteckte, mit der Absicht, ihn später wieder zu holen. Er hat es aber bis zu seinem Tod 1978 nicht geschafft, sein Versprechen einzulösen.

Popp selbst begab sich in seine Dienststelle in Johanngeorgenstadt. Von dort schickte er noch am 25. April einen Kurier mit Sonderauftrag ins Reichssicherheitshauptamt nach Berlin. Er sollte einen mehrfach versiegelten Umschlag überbringen. Leider weiß niemand, was dieser Umschlag für Papiere enthielt. Der Kurier kam nach einigen Tagen unverrichteter Dinge wieder zurück. Es war ihm nicht mehr gelungen, nach Berlin durchzukommen. Den Umschlag hat er seinem Chef zurückgegeben.

Die nächsten Tage war Popp damit beschäftigt, seine Dienststelle zu säubern. Er schickt einen Teil seiner Männer in den Untergrund, nachdem er sie noch mit einigen Geldmitteln versah; vernichtete Unterlagen und ging Anfang Mai mit einem Teil seiner Leute in Zwickau in amerikanische Gefangenschaft.

Der sächsische Gauleiter Mutschmann wurde erst am 17. Mai in Tellerhäuser, einem kleinen Ort bei Oberwiesenthal, verhaftet und den Russen übergeben. Er soll bei seiner Verhaftung einen äußerst ängstlichen Eindruck gemacht haben. In der Gefangenschaft der Russen ist er angeblich 1946 verstorben. Ohne den sowjetischen Geheimdienst von dem Versteck des Bernsteinzimmers unterrichtet zu haben? Vermutlich, weil er es nicht wußte. Genausowenig wie Koch. Andere "Geheimnisse" haben sie ja auch verraten.

Die letzten Zeugen

Man muß die Wahrheit nicht lieben,

aber man braucht sie zum Leben.

(Desmond Tutu)

Die Beschäftigung mit der Geschichte und den Geschichten um das Bernsteinzimmer hat mich zu einer seltsamen Schlußfolgerung geführt. Keiner der Berichte, die bisher von den erwähnten Bernsteinzimmersuchern veröffentlicht wurden, entsprachen im gesamten Umfang der getroffenen Aussagen der Wahrheit. Ich mußte immer wieder feststellen, daß Fakten weggelassen, dazu erfunden oder verdreht worden waren.

Warum eigentlich? Notlügen oder bewußt falsche Fährten? Welchen Grund hatten diese Fahnder, ihre Erkenntnisse zu veröffentlichen und dabei ihr Wissen zu verdrehen? Dafür gibt es eigentlich – wenn man von politischen Motiven absieht – keinen Grund, jedenfalls nicht, wenn sie ehrlichen Herzens ihre Arbeit betrieben haben.

Der vermutlich unsauberste Bericht in dieser Hinsicht ist Enkes "Bernsteinzimmer–Report". Dabei muß man berücksichtigen, daß Enkes Arbeiten stark politisch gefärbt waren und er aus diesem Grund nicht neutral an die Lösung der Probleme gegangen war. Außerdem waren seine Forschungen auf das Territorium der ehemaligen Ostblockstaaten begrenzt. Informationen aus dem westlichen Deutschland kamen nur spärlich und wenn, dann fast ausschließlich über dritte Personen zu ihm. Einen ungehinderten Zugriff auf Literatur aus westlichen Ländern war ihm damals nicht möglich.

Er hätte aber davon ausgehen müssen, daß seine Arbeit von denen, die vom wirklichen Verbleib des Bernsteinzimmers die Wahrheit wußten, ständig verfolgt und bei Erfordernis sogar behindert wurde. Behindert durch bewußte Fälschungen und Fehlinformationen. Statt dessen hat er diese Spielchen mitgemacht und selbst Wissen verheimlicht oder Fakten zurechtgebogen.

Was war also wirklich an dem dran, was Zeitzeugen bisher ausgesagt hatten?

Die Erzählungen des Erwin Keiluweit hatten wir uns schon angehört und wußten, wieweit sie der Wahrheit gerecht werden konnten. Was entspricht aber von den anderen Zeugenaussagen der Wahrheit, und wieviel wurde dazu erfunden?

Da ist bei Enke zum Beispiel die Rede von einem Dokument des Einsatzstabes Reichsleiter Rosenberg (ERR), der sich im Auftrag Hitlers um die "Sicherung" von Kunstgütern in den besetzten Gebieten kümmerte.

Die Hamburger Wochenzeitung "Die Zeit" hat nach Enkes Aussage im "Report" berichtet, daß sie im Besitz eines Dokuments vom März 1945 aus Akten des ERR sei, auf dem sich eine handschriftliche Notiz Rosenbergs befinden soll. Aus dieser Notiz solle hervorgehen, daß jener das Bernsteinzimmer habe verstecken lassen, um es nach Kriegsende als Erpressungsmittel für Verhandlungen mit Stalin oder Churchill zu verwenden. Unter anderem hieß es, ein gewisser "Schickedanz–Plan" sei die Basis für diese Unternehmungen gewesen. Wer dieser Schickedanz gewesen sein soll, wurde nicht erwähnt. Dieses Dokument wäre verständlicherweise äußerst interessant, denn es würde die Existenz des Bernsteinzimmers bestätigen und außerdem für alle Sucher ein entscheidender Hinweis für das Wo? sein.

Ich versuchte, über die erwähnte Zeitschrift diesen Beweis für die Beteiligung des ERR an der Verbringung des Kunstwerkes zu erhalten. Leider ohne Erfolg. Diese Erfolglosigkeit habe ich aber nicht den Mitarbeitern der "Zeit" zu verdanken, sondern der Tatsache, daß dieses Dokument gar nicht existiert. Enkes Behauptungen beruhten nur auf einem Artikel aus dem Jahr 1976, in dem ein Interview mit dem Kunstfahnder Georg Stein veröffentlicht worden war. In diesem Artikel wird nur erwähnt, daß der Leiter des ERR, Gerhard Utikal, auf einem Schriftstück gelesen haben will, daß

Rosenberg um die Verbringung des Bernsteinzimmers wußte, und er handschriftliche Bemerkungen auf diesem Dokument hinterlassen habe.

Ein Dokument – wie es Enke behauptete – gibt es nicht. Und von dem angeblichen "Schickedanz–Plan" soll auch keiner der ehemaligen Mitarbeiter des ERR, soweit sie befragt werden konnten, gewußt haben.

Also erfunden? Eine Fälschung? Von wem, wann und warum? Utikal soll bis zu seinem Tod 1960 in Frankreich eine Strafe, die ihm das Nürnberger Tribunal verpaßt hatte, abgebüßt haben. Wer konnte ihn also Anfang der siebziger Jahre, das kommt in dem Artikel der "Zeit" so zum Ausdruck, noch interviewen?

Und warum hat ein Enke, Beauftragter der Staatssicherheit der damaligen DDR, solch einen windigen Artikel als Argument und Beweis gewertet? War es der bekannte Strohhalm, an den er sich klammerte, weil er andere Belege nicht fand? Hat er eine mögliche Fälschung der Geschichte nicht erkannt, oder stand er unter Erfolgszwang? Vielleicht. Aber Jahrzehnte war seine Tätigkeit für das MfS in der Öffentlichkeit verheimlicht worden, nur einige seiner Genossen wußten von seinen Mißerfolgen.

Nicht einmal Frau Elisabeth Amm habe gewußt, daß das MfS nach den Kunstschätzen gräbt, obwohl sie – und das nicht nur von Enke – mehrfach als Zeitzeugin zitiert und vorgeführt wurde. Frau Amm will ja das geschmolzene Bernsteinzimmer im Keller des Königsberger Schlosses gesehen haben. Eine Variante, die unter anderem auch für die Theorie, das Bernsteinzimmer sei in Königsberg vernichtet worden, als Beweis diente.

Nur daß sich die "Verbrannt"–Spezialisten sich eben nie auf eine genaue Vernichtungsvariante haben einigen können. Die einen sagen, es sei nach dem Luftangriff auf Königsberg Ende August '44 verbrannt worden, andere meinen bei der Einnahme der Stadt durch die Russen im April '45.

Frau Amm jedenfalls ist überzeugt davon, daß sie es, zu

einer "honigartigen Masse" geschmolzen und zwischen verbrannten Holzteilen liegend, gesehen hat. Eine Vertreterin eines unerklärbaren physikalischen Wunders.

Ganz so wichtig scheint einem Enke diese Aussage aber nicht gewesen zu sein, denn er hatte eine persönliche Unterredung mit Elisabeth Amm erst nach dem Erscheinen seines "Bernsteinzimmer–Reports" geführt. So zumindest erklärte es mir Frau Amm während eines Gesprächs mit ihr.

Andere fanden die Aussage der Frau Amm wesentlicher. Sie haben ihr in Filmen ein Denkmal gesetzt. Filme, in deren Ergebnis das Bernsteinzimmer immer vernichtet wurde.

Nur der ehemalige Schloßinspektor aus Königsberg, Herr Henkensiefken, hatte sich total verneinend zur Aussage der Frau Amm geäußert. Ansonsten hat man stets versucht, ihre Erlebnisse glaubwürdig zu machen und das Zweifelhafte daran umzudeuten. Es bleibt wie immer die Frage, wer könnte an dieser Variante des Verschwindens ein Interesse haben? Einer Variante, die gar nicht den Tatsachen entsprechen kann, dafür gibt es genügend Belege. Eigentlich doch nur der oder die, die um das wahre Geschehen wissen. Doch wer kann das rund ein halbes Jahrhundert nach dem seltsamen Verschwinden noch sein?

Meine Annahme, die uns bekannten Zeitzeugen haben vielleicht doch mehr gewußt als das, was veröffentlicht wurde, sollte sich ein zweites Mal bestätigen: Rudolf Wyst, der Sohn des mutmaßlichen Bernsteinzimmerversteckers Gustav Wyst, galt auch bei Enke als entscheidender Wissensträger.

Aber was wußte er wirklich? Ich gehe davon aus, daß Rudolf Wyst keinerlei Interesse hatte, jemanden in die Irre zu führen oder sich mit erfundenen Geschichten wichtig zu machen. Nicht umsonst hatte er um ein Pseudonym gebeten, als es darum ging, sein Wissen zu veröffentlichen.

Verschwiegen wurde bislang auch, daß die Mutter des Rudolf Wyst die Aussagen ihres Sohnes bestätigt hatte. Zumindest was die Sache mit den gefundenen Dokumenten im Keller der Familie Wyst angeht. Rudolf hat sie nämlich nicht gleich verbrannt, sondern seiner Mutter gezeigt und einige Tage in der Wohnung aufbewahrt. Verbrannt hat er sie erst auf nachdrückliche Forderung der Mutter. Er hatte die Dokumente also nicht nur überflogen, sondern sie intensiv gelesen und eine Zeitlang aufbewahrt – wie das ein dreizehnjähriger Junge eben macht.

Das und noch einige andere Details hat uns Rudolf Wyst 1996 in seiner Stralsunder Wohnung erzählt. Details, die er bisher noch niemanden mitgeteilt habe, weil auch noch niemand danach gefragt hatte. Ihm war auch nicht klar, daß diese Dinge möglicherweise von Wichtigkeit wären. Für die Leute, die mit ihm bisher gesprochen hatten, ging es nur um Koch, Hitler, SS, Schlema. Abgesehen davon, ist er noch heute der Meinung, die Dokumente seines Vaters verweisen auf eine Lagerung des Bernsteinzimmers in der Nähe von Königsberg, denn der Befehl, den er in der Kartentasche seines Vaters gefunden hatte, soll beinhaltet haben, den Transport im Königsberger Schloß abzuholen und zu einem Ort zu bringen, der nicht weit weg, aber dem Sohn nicht bekannt war. Doch er wußte noch weiteres Interessantes zu berichten.

Der Befehl zum Abholen des Kunstwerkes im Schloß Königsberg, das bekanntlich bis 1926 dem Haus Hohenzollern gehörte, könnte durchaus von Admiral Canaris stammen, denn er muß schon im Sommer 1944 an seinen Vater gegangen sein. Und der kannte Canaris persönlich, jedenfalls sind in unregelmäßigen Abständen Kartengrüße des Admirals angekommen. Ostern zum Beispiel und Weihnachten.

Gekannt haben sie sich aber schon länger, und zwar noch aus der Zeit des "Stahlhelms", einer Vereinigung von Frontsoldaten des 1. Weltkrieges, die vom ehemaligen Kaiserhaus Hohenzollern gefördert wurde und in der mehrere Prinzen und Preußen und andere adlige Familien Mitglieder waren.[41]

Aus dieser Vereinigung kannte sein Vater auch den Fürst Dohna–Schlobitten. Rudolf selbst hat mit seinem Vater das Schloß Schlobitten besucht und den Fürsten und dessen Vater kennengelernt. So jedenfalls ist es in seinen Erinnerungen noch erhalten. Das kann aber nicht der Vater des Fürsten, sondern muß dessen Onkel, Graf Dohna, gewesen sein. (Der Vater, Fürst Richard zu Dohna–Schlobitten, war bereits 1919 verstorben.)

Natürlich weiß Rudolf nicht, was dort besprochen wurde, aber er kann sich erinnern, daß sie sehr freundlich empfangen wurden, und er weiß noch, daß dieser "Vater" ein General war. Daraus ergibt sich, daß der Besuch vor dem 20. Juli 1944 stattgefunden haben muß, denn zu dieser Zeit war der einzige General in der Familie Dohna–Schlobitten der General Heinrich Burggraf zu Dohna, der Bruder des Vaters. Dieser General wurde aber nach dem fehlgeschlagenen Attentat auf Hitler hingerichtet. Man hatte ihn als Mitglied der Verschwörer erkannt und zum Tode verurteilt. General Heinrich zu Dohna sollte tatsächlich nach dem Willen der Verschwörer Oberpräsident von Ostpreußen werden.[42] Das heißt, er sollte der Nachfolger des Nazigauleiters Erich Koch werden, dessen Intimus angeblich Gustav Wyst gewesen sein soll.

Eine Kleinigkeit erzählte uns Rudolf Wyst noch nebenbei: Nach dem Krieg, als sie in Schlema wohnten, hatte er seinen Vater als "Lügner" ertappt, denn der behauptete nämlich in einem Gespräch mit einem Schlemaer: "Ich bin ein ehemaliger Brandenburger." Dabei wußte Junior Wyst ganz genau, daß sein Vater in Königsberg das Licht der Welt erblickt hatte, also ein Ostpreuße war. Erst viele Jahre später sei ihm klar geworden, was sein Vater mit dem "Brandenburger" meinte.

Und in Elsterberg haben sie in unmittelbarer Nähe eines Verwandten des Geheimdienstchefs der Nazis gewohnt. Beim Spielen haben ihn Klassenkameraden mit den Kindern von Alfred Popp bekannt gemacht. Einem Mädchen und einem Jungen. Beide waren einige Jahre jünger als er. "Der Junge war aber nicht ganz gesund gewesen. Und der Vater der Kinder soll ein Verwandter des Admirals Canaris gewesen sein. Aber die Kinder sollen nicht mal von Popp gewesen sein, sondern – wie man dort erzählte – von Mutschmann."

Nun ja, an jedem Gerücht ist ein Körnchen Wahrheit.

Todesspielchen um die Macht

Cui bono? (Wem nutzt es?)

Wenn man diese Indizien zusammenfaßt, muß man zwangsläufig zu dem Schluß kommen, daß weder Adolf Hitler oder sein ERR, noch eine andere offizielle Einrichtung des Dritten Reiches das Bernsteinzimmer verstecken ließen.

Es muß eine Verbindung der Bernsteinzimmeraktion mit Teilen der Wehrmachtsführung, Angehörigen des deutschen Hochadels, dem ehemaligen Geheimdienst der Wehrmacht inklusive seiner Sondereinheit, den "Brandenburgern", und damit zu den Verschwörern gegen Hitler geben.

Ganz sicher haben Männer der Anti–Hitler–Bewegung auch am Verschwinden des Bernsteinzimmers eine Aktie. Es müssen aber die Männer sein, die den Amoklauf der Hitleranhänger nach dem Attentat vom 20. Juli überlebt haben.

Der wohl am wenigsten im öffentlichen Interesse stehende, aber aktivste Mitorganisator dieser Interessengruppe war der schon mehrfach in Erscheinung getretene Geheimdienstoberstleutnant Friedrich Wilhelm Heinz.

Ein Mann aus dem engsten Freundeskreis des Admirals. Über ihn ausführlich zu schreiben hieße ein Extrabuch füllen. Er hat ein Leben geführt, von dem man aus heutiger Sicht sagen würde, daß es einem der übelsten Geheimdienstfilme entsprechen könnte. James Bond scheint gegen ihn ein kleines Licht zu sein.

Als ehemaliger Reichswehroffizier und Führer in der Organisation Consul (Brigade Erhard), bezeichnete er sich selbst als "Knack–Chef" (Mord–Chef), war er mitverantwortlich an der Ermordung Liebknechts, der Luxemburg, Rathenaus und einiger anderer.

Er war auch führendes Mitglied im "Stahlhelm" und eine Zeitlang Chefredakteur der gleichnamigen Zeitschrift.

Seinen Lebensweg zum Bataillonskommandeur und späteren Regimentskommandeur der "Brandenburg" beschrieb er in einem Artikel des "Spiegels" (v. 18.11.1953): "Ich war von 1936 bis 1941 Gruppenleiter im Amt Ausland/Abwehr des OKW und gehörte zum engsten Freundeskreis von Admiral Canaris und General Hans Oster unterstehenden deutschen Kommandotruppen und wurde nach dem 20. Juli verhaftet."

Carl Heinz Abshagen bestätigt in seinem Buch "Canaris, Patriot und Weltbürger" diese Aussagen: "Die 'Brandenburg' war hauptsächlich aus Balten und aus Ostpreußen stammenden 'Volksdeutschen' zusammengesetzt, die die Verhältnisse in Rußland und Polen kannten und nach Möglichkeit auch eine der slawischen Sprachen beherrschten... Seine Führung wurde einem Abwehroffizier anvertraut, der das volle Vertrauen von Canaris und Oster genoß. Es war dies der Major und spätere Oberstleutnant Heinz."

Was sagte Erwin Keiluweit, der Transportbegleiter? "Ich war Offizier des Regiments "Kurfürst" und stamme von baltischem Adel ab."

Auch die Aussagen des Rudolf Wyst bekommen hier einen logischen Sinn: "Mein Vater nannte sich 'Brandenburger'." "Er sagte zu einem anderen Uniformierten: 'Jetzt habe ich zu meinen Litauern noch richtige Russen bekommen'." [43]

Die logische Schlußfolgerung der Geschichte kann nur heißen, Heinz müßte eine Zeitlang einer der Vorgesetzen des Majors, ab Sommer 1944 Obersturmbannführers, Gustav Wyst, gewesen sein. Er war mit Wyst, mehreren Angehörigen des deutschen Hochadels, Canaris und anderen schon aus den Anfangszeiten des 'Stahlhelm' und der daraus entstandenen SA bekannt. Kurz gesagt, sie kannten sich alle.

Und alle haben möglicherweise für einen gearbeitet. Einer, der bis zum gegenwärtigen Zeitpunkt noch gar nicht so recht im Gespräch war, der aber mit seiner Familie als einziger Nutznießer dieser Aktion sein konnte.

Doch noch einige Worte zum Oberstleutnant Friedrich Wilhelm Heinz, dessen Tun und Lassen der Schlüssel für die mysteriöse Geschichte um das Bernsteinzimmer sein könnte; dem Mann, der im Herbst 1944 von seiner bevorstehenden Verhaftung Wind bekam und spurlos verschwand.

Nun, ganz so spurlos wohl doch nicht. Er wohnte vermutlich einige Zeit in der Schweiz, tauchte aber im Frühjahr 1945 wieder in Berlin auf. Dort versteckte er sich bei der Witwe eines ehemaligen "Brandenburgers" und wurde von Mitgliedern einer Widerstandsbewegung versorgt. Nachzulesen ist das in dem Tagebuch der Schriftstellerin Ruth Andreas–Friedrich, das sie unter dem Titel "Der Schattenmann" veröffentlicht hat. In diesen Erinnerungen wird er unter dem Namen Hartmann erwähnt. [44]

Am 12. April verließ Heinz alias Hartmann Berlin – plötzlich im Besitz von regulären Papieren des RSHA –, um angeblich im Raum Potsdam das Ende des Krieges abzuwarten. In Potsdam wartete auch ein Teil der Familie Hohenzollern das Ende des Krieges ab. Der am 27. Januar 1958 verstorbene Prinz Oskar hat im April 1945 als letzter der Familie sein Haus in Potsdam verlassen; zu Fuß, mit einem Rucksack, in dem sich seine ganze Habe befand. [45]

Friedrich Wilhelm Heinz war der Familie der Hohenzollern sehr eng verbunden. So eng, daß er eine Zeitlang sogar der Ziehvater von zwei Prinzessinnen, derer von Preußen war.

Kurz nach Kriegsende, schon im Mai 1945, kam er mit dem späteren Vermögensverwalter des Hauses Hohenzollern, Graf Hardenberg–Nörten in die sowjetisch besetzte Zone, um Lebensmittel für die hungernde Bevölkerung zu organisieren. Den Auftrag dafür hatten sie angeblich vom damaligen Magistratsmitglied von Zitzewitz–Muttrin, ehemaliger Forschungsbeirat im Kriegsministerium, erhalten. Obwohl diese Aufgabe zu keinem Erfolg führte, verblieb Heinz in der Zone der Russen und wurde sogar Bürgermeister von Bad Saarow–Pieskow am Scharmützelsee. Er hatte dort nämlich in der Zeit zwischen 1941 und 1944 zwei Häuser erworben. Da er sich um alles mögliche kümmerte, bloß nicht um die Belange des Bürgermeisters, und er sich einiger Vergehen schuldig gemacht hatte, wurde er im April 1946 wegen

Pflichtverletzung seines Amtes enthoben. Zu einer Verhaftung durch die russische Kommandantur kam es nicht mehr, denn er hatte sich wieder einmal mit Hilfe von Informanten rechtzeitig absetzen können. Genauer gesagt, floh er nach Berlin–Lichterfelde. Dort fühlte er sich aber von den Nachrichtendiensten der drei Westmächte so umworben, daß er sich 1949 nach Neuwied am Rhein zurückzog.

Auf Anraten des ersten militärischen Beraters Adenauers, General a.D. Graf Schwerin, wird Heinz am 1. Dezember 1950 ins Amt Blank des Bundesministeriums übernommen und dort als Chef der Abwehr (Spionage) eingesetzt. [46]

Nachdem er diese Funktion erhielt, ging das Spiel mit Erpressung, Mord, Entführung usw. von ihm und um ihn fleißig weiter. So soll er 1953 versucht haben, Kontakt mit dem russischen Geheimdienst zu bekommen, was er aber als versuchte Entführung hinstellen wollte. Auch von einem späteren Antrag auf politisches Asyl in der DDR ist die Rede, der aber abgelehnt worden sei. Man konnte sich nicht vorstellen, warum dieser Mensch unbedingt in der DDR leben wollte. Ja, warum wohl?

Schließlich und endlich wurde er 1953 von seinem Posten im Amt Blank beurlaubt, und am 31. März 1954 schied er aus dem Dienst endgültig aus. Die genauen Gründe für diese kurze bundesdeutsche Beamtenkarriere könnte ein Mann ganz genau wissen: der erste Chef des Verfassungsschutzes der Bundesrepublik Deutschland Otto John, der am Sturz des Geheimdienstspezialisten Heinz nicht ganz unbeteiligt gewesen sein soll. Warum genau, kam nie zum Tragen, aber es scheint doch Gründe aus ihrer gemeinsamen Vergangenheit gegeben zu haben. Man hatte nämlich schon einmal miteinander zu tun. Konkret in den Jahren 1938 bis 1944 und noch später.

Otto John, ein Mann der Widerstandsbewegung gegen Hitler aus dem Kreis um Goerdeler, Canaris und Oster. Aber auch um den Prinzen Louis Ferdinand von Preußen, dem planmäßigen Erben des preußischen Königsthrons, dem die Verschwörer eine ganz besondere Rolle zugedacht hatten. Er sollte die königliche Rolle in der neu zu schaffenden konstitutionellen Monarchie in Deutschland übernehmen.

Das war das Ziel eines Teils der Verschwörer gegen Adolf Hitler. Unter dieser politischen Flagge sollte es in Deutschland weitergehen. Weiter auch mit dem Krieg, aber eben nur gegen die Sowjetunion. Und Otto John war die Aufgabe zuteil geworden, den Prinzen für diese Sache zu gewinnen, was ihm auch gelang. Man kannte sich schließlich aus gemeinsamer Tätigkeit bei der Lufthansa, denn der Prinz war ein begeisterter Anhänger des Flugwesens, Fliederoffizier der Reserve und Mitglied des Nationalsozialistischen Deutschen Fliegerkorps.

John gewann mit ihm auch den persönlichen Freund des amerikanischen Präsidenten Franklin Roosevelt zur Beteiligung am Sturz des Diktators. Diese Freundschaft ging so weit, daß der Prinz einige Tage persönlicher Gast im Weißen Haus war. Während der Hochzeitsreise mit der Großfürstin Kira von Rußland, der Cousine des letzten russischen Zaren und Tochter des eigentlichen Thronfolgers Kirill von Rußland. [(47)]

Womit wir wieder beim Thema wären. Louis Ferdinand von Preußen also stand in engem Kontakt mit den Geheimdienstmännern um Canaris. Er stand auch in Kontakt mit den Alliierten. Er hatte Männer in seinem Umfeld, die alle bereit waren, für ihr Ziel, die Beseitigung der Nazidiktatur zur Rettung ihres Deutschlands vor dem Bolschewismus Stalins, zu handeln. Der Bolschwismus sollte und durfte in Deutschland nicht der Sieger werden, denn das würde für sie das Ende der abendländischen Kultur bedeuten. Aber auch das Ende ihrer Besitzvorrechte und ihrer Macht.

Nicht das deusche Volk sollte gerettet werden, das hätte ruhig noch eine Weile Krieg führen können, sondern Eigentum und Vorrechte. Dinge, die sie in der Zeit der Weimarer Republik zu verlieren glaubten und die sie von einem Adolf Hitler und seinen anfänglichen Behauptungen, Deutschland wieder zu einem Kaiserreich zu machen, zurück erhofften. Erst als sie spürten, daß mit dem Krieg, in den sie mit Hitler gezogen waren, noch mehr verlorengehen würde, und ihre Besitztümer nicht wuchsen, sondern viel geringer wurden, waren sie bereit, diesem Spuk ein Ende zu setzen. Genauer, ein Ende setzen zu lassen.

Da es einem Adolf Hitler nicht vergönnt war, das Reich Europa unter Vorherrschaft der Deutschen zu gründen, sollten jetzt die Amerikaner und Briten helfen. Aber die schienen auch nicht so recht diesen Plänen folgen zu wollen. Das Ergebnis ist allgemein bekannt.

Doch welche Rolle spielte dabei nun das Bernsteinzimmer? So banal wie das klingen mag, die Frage, wieso das Bernsteinzimmer so mysteriös verschwunden ist, ist anscheinend ganz simpel zu erklären.

Den Befehl, das Bernsteinzimmer von Puschkin nach Königsberg zu bringen, erteilte 1941 der Oberkommandierende der 18. Armee, Generaloberst Georg von Küchler. Den Abbau und Transport leitete am 14.10.1941 der Rittmeister Dr. Graf Solms. Die Aufstellung im Königsberger Stadtschloß verfügte der Generaldirektor der Staatlichen Schlösser und Gärten, Dr. Gall. Er war der Verwalter, der – laut Vertrag vom 12. Oktober 1925 – vom preußischen Staat übernommenen Besitzungen des vormals regierenden preußischen Königshauses, zu denen auch das Schloß Königsberg gehörte. Aber nicht das Bernsteinzimmer, denn das war weiterhin Privatbesitz. Ebendiesem Herrn Gall ließ bekanntlich im September 1944 der Direktor des Königsberger Museums Dr. Alfred Rohde mitteilen, daß das Bernsteinzimmer nicht vernichtet war.

In dem genannten Vertrag von 1926 steht genau aufgeführt, was der Preußische Staat aus dem Besitz des ehemaligen Königshauses Preußen erhielt. Dazu steht unter § 1 II.:

Die beweglichen Gegenstände, die sich am 1. Dezember 1925 auf den dem Staate verbleibenden Grundstücken befinden, soweit sie nicht gemäß §2 IV. dieses Vertrages in Verbindung mit Anlage B Abschnitt II und III dem vormals regierenden Königshause verbleiben.

Das Bernsteinzimmer befand sich am 1. Dezember 1925 nicht im Schloß Königsberg.

In der Zeit des Hitlerregimes war Hermann Göring als preußischer Ministerpräsident, der er bis April 1945 war, für die Einhaltung dieser Verträge zuständig. [48] Wie er überhaupt zuständig für die Beziehungen zwischen dem Staat und dem ehemaligen preußischen Königshaus war.

Im Sommer 1944 wird das Bernsteinzimmer verpackt und zum Abtransport vorbereitet. Die Genehmigung dafür hat der preußische Ministerpräsident bereits im Dezember 1943 erteilt. Ein Dokument übrigens, das von den Stasi–Suchern als Fälschung hingestellt wurde, weil es von Göring unterschrieben war, und der sei ja dafür nicht zuständig gewesen. Das Bernsteinzimmer galt für die Herren um Dr. Paul Enke als "Führervorbehalt".

Louis Ferdinand Prinz von Preußen hielt sich in den Jahren 43/44 auf dem Gut Cadinen auf. Ich zitiere aus "Das Haus Hohenzollern 1918–1945" von Friedrich Wilhelm Prinz von Preußen, dem ältesten Sohn Louis Ferdinands:

Am 20. Juli 1944 hielt sich Prinz Louis Ferdinand bei Generalfeldmarschall von Küchler in Königsberg auf. Im Hinblick auf die näherrückenden sowjetischen Truppen wollte sich der Prinz über die militärische Lage unterrichten lassen. Von Küchler riet dem Prinzen, seine Familie so schnell wie möglich zu evakuieren, und zwar möglichst westlich der Oder, auf alle Fälle aber westlich der Weichsel. Anfang August schickte der Prinz seine Familie (also die Großfürstin von Rußland und Kinder, d.A.) *auf einen dem Hause gehörenden Besitz in der Neumark* (möglicherweise Gut Göritz, jetzt Polen, d.A.). *Von dort flüchtete die Familie des Prinzen dann im Winter 1944/45 über Potsdam nach Bad Kissingen. Der Prinz selbst harrte in Cadinen bis zum 25. Januar 1945 aus, um schließlich mit dem letzen Schlittentransport über das Haff den anrückenden sowjetischen Truppen zu entkommen.*

Das im Sommer 1944 verpackte Bernsteinzimmer verließ höchstwahrscheinlich zwischen dem 18. und 25. Januar Königsberg.

Erwin Keiluweit dazu: "Wir verließen Ende Januar '45 Königsberg und fuhren mit den LKW zu einem ca. 80 km entfernten Schloß und luden dort weitere Kunstgüter auf." (Cadinen liegt ca. 80 km südwestlich von Königsberg.)

Weiter Erwin K.: "Ursprünglich sollte der Transport nach Quedlinburg. Wir wurden aber in Ilmenau entladen und fuhren dann weiter in Richtung Schleusing. In einem Waldstück bei Schleusing habe ich den Transport übergeben und verlassen." Das war Anfang Februar 1945.

Wenn man diese Strecke weiterfährt, kommt man über Meiningen nach Bad Kissingen. Entfernung ca. 65 km.

Die letzte Spur des Bernsteinzimmers fand man im Schloß Reinhardsbrunn, dort wurde es von Februar bis April 1945 aufbewahrt. Die Entfernung von Reinhardsbrunn bis Bad Kissingen beträg ungefähr 80 km.

Und Reinhardsbrunn war das Jagdschloß des Großvaters der Großfürstin Kira von Rußland, die zur gleichen Zeit mit ihrem Gatten, dem Prinzen Louis Ferdinand von Preußen, in Bad Kissingen das Ende des 'Tausendjährigen Reichs' abwartete.

Das Geheimnis der Kroninsignien

Auch des Zaren Ochse hat nur zwei Hörner.

(Russisches Sprichwort)

Friedrich Wilhelm Heinz, die schillernde Figur im Umfeld von Canaris, Oster, den Hohenzollern und den "Brandenburgern", hat bekanntlich nach dem Zweiten Weltkrieg noch eine politische Karriere gestartet, die aber zur Bruchlandung führte. Eine Karriere, die einigen entscheidenden Personen der jungen Bundesrepublik Deutschland nicht recht gefiel und deshalb mit Gerichtsverfahren und ähnlichem endete. In einer dieser Geschichten ging es auch um verschwundene Wertgegenstände aus dem Nachlaß des letzten deutschen Kaisers und seiner Familie, dem sogenannten Hohenzollernschatz. Irgendwelche amerikanischen Experten sollen festgestellt haben, daß Teile dieses "Schatzes" Fälschungen waren.

Wie auch immer das ausging, interessant daran ist, daß jemand kurz nach dem Ende des Krieges ehemalige und aktive Geheimdienstoffiziere beauftragt hatte, sich um diese "Schätze" zu kümmern.

Eigentlich wollte ich nur nachfragen, um welche Kunstgegenstände es sich dabei gehandelt habe und wo diese Schätze des preußischen Königshauses jetzt lagern, denn vielleicht gibt es in diesem Zusammenhang Hinweise auf eventuelle Transporte in den Jahren 1944–45. Dabei ging ich davon aus, daß der Hauptbestandteil des Schatzes eines ehemaligen Königshauses sicher deren Kronjuwelen sind.

Die Kroninsignien, wie sie richtigerweise bezeichnet werden, sind aber, laut Vertrag des Preußischen Staates mit dem vormals regierenden preußischen Königshaus vom 12. Oktober 1925 in den Besitz des Preußischen Staates übergegangen. Diese Gegenstände werden in heutiger Zeit von der "Stiftung Preußischer Kulturbesitz" verwaltet.

Bei den Kroninsignien der Preußen handelt es sich konkret

um Zepter, Reichsapfel, Reichssiegel, Reichsfahne und Reichshelm. Gegenstände, die wie folgt definiert werden: Insignien (lat.), *Kennzeichen der Macht, der Würde, des Standes, der Amtsgewalt und Auszeichnung. Die Insignien der Herrscher des Altertums (Orient und Rom) waren Diadem, Krone, Thron und Stab, auch mehrere Stäbe (Fasces); im Mittelalter erbten sich bestimmte Insignien fort; erst ihr tatsächlicher Besitz sichert die Herrschaft.* [49]

Um diese Symbole der Macht ging es also möglicherweise, als man nach dem Krieg den ehemaligen Oberstleutnant der "Brandenburger" Friedrich Wilhelm Heinz ins Spiel brachte. Was hätte man eigentlich damit anfangen können? Verkaufen? Das wäre irgendwann mal jemanden aufgefallen. Dafür waren die Dinge zu berühmt. Zum Andenken an alte Zeiten verstecken? Sich zum König von Preußen ernennen?

Na eben. Laut "Geschichte der Hohenzollern von 1919 bis 1945" von Friedrich Wilhelm, Prinz von Preußen, war ja genau das beabsichtigt. Mit dem Sturz von Hitler planten einige Unermüdliche, aus Deutschland wieder eine Monarchie zu machen. Und was braucht man dazu?

Dieses Unternehmen war zwar nicht von Erfolg gekrönt, aber die Umstände um die dafür notwendigen Kroninsignien weckten in mir die Vermutung, daß es um diese Gegenstände einige Probleme gegeben haben muß. Welche das allerdings waren, konnte oder wollte mir niemand sagen. Weder das preußische Geheimarchiv noch die Stiftung Preußischer Kulturbesitz. Unabhängig voneinander behaupteten mehrere Vertreter, daß diese Kronjuwelen in Privathand sind. Zumindest vermuten sie das. Wissen will es angeblich keiner. Auch nachdem auf den Vertrag von 1925 verwiesen wurde, bekam ich keine andere Antwort.

Und die Generalvertretung des Hauses Hohenzollern verweist auf den Besitz des Staates, laut dem genannten Vertrag, was eigentlich auch rechtens ist. Damit war ich wieder viel schlauer. Es gab sie, aber es gibt sie nicht. Und niemand interessiert das.

Kulturhistorisch wervolle Kunstgegenstände, mit vielen Brillanten, Diamanten und Rubinen besetzt; teilweise aus purem Gold, im Wert nicht schätzbar – aber es müßten wenigstens 20 Millionen Mark sein –, sind einfach verschwunden und keinen kümmert es. Jedenfalls nicht die Damen und Herren, die sie in der heutigen Zeit verwalten sollen.

Ich bin überzeugt, daß an dieser Sache etwas nicht stimmt!

Sollte es so gewesen sein, daß man den Abtransport dieser Kronjuwelen, die eindeutig staatliches Eigentum waren, mit dem Transport des Bernsteinzimmers und anderer Privatkunstschätze decken wollte?

Verständlicherweise sollte niemand merken, daß ausgerechnet diese Insignien der Macht von Männern des ehemaligen Canarisschen Geheimdienstes transportiert wurden.

Und was ist unverfänglicher, als das in Rußland abgebaute Bernsteinzimmer als Deckmantel für den Transport der Krönungsutensilien zu benutzen? Und diesen Transport hatte schon im Dezember 1943 der dafür zuständige preußische Ministerpräsident Göring genehmigt. Ein heimlicher Transport der Kronenjuwelen konnte so getarnt werden, um zu vermeiden, daß mögliche Verdachtsmomente seitens der Hitlergetreuen auftreten konnten, die dieses Vorhaben zum Scheitern gebracht hätten. Das würde natürlich auch erklären, warum ausgerechnet immer im Umfeld geplanter und durchgeführter Aktionen gegen Adolf Hitler das Bernsteinzimmer auftauchte. Es war nicht das Bernsteinzimmer, das man verstecken wollte, es war der Sturz Adolf Hitlers und die Krönung des preußisch–deutschen Königs, was man unter allen Umständen geheimhalten wollte.

Ein Vorhaben, das den gewaltigen Aufwand zur Verschleierung, einschließlich des Luftangriffs auf die Altstadt Königsbergs, begründen könnte. Schließlich sollte die Macht des auf dieser Welt schrecklichsten Diktators beendet werden.

Aber ohne Königsmord, das war eine der Bedingungen die seitens des ehemaligen Kaiser– und Königshauses gestellt wurden. Denn nicht auf einem Mord am ehemaligen Macht-haber wollte man das neue Königsreich errichten.

Wie soll man in dieser Zeit, in der die Hitlerdiktatur alle Möglichkeiten zur unblutigen Veränderung im Land beseitigt hatte, einen Umsturz durchführen, wenn nicht durch gewaltsame Beseitigung des Diktators?

Gleichzeitig brauchten die Umstürzler auch die Mehrheit des Volkes hinter sich. In der Situation, in der sich Deutschland damals befand, sogar das gesamte Volk. Denn die Wunsch-vorstellung der neuen Machthaber erforderte eine mögliche Weiterführung des Krieges gegen die Sowjetunion.

Stark vereinfacht gab es im Deutschland der dreißiger und vierziger Jahre drei Grundströmungen im Volk. Da gab es einmal die Anhänger des Nationalsozialismus, die Monar-chisten und die Oppositionellen, zu denen Demokraten und Kommunisten gehörten. Diese dritte Strömung spielte bei ei-ner Umsturzplanung keine Rolle, denn die meisten Anhän-ger dieser Politik saßen in Konzentrationslagern und Ge-fängnissen oder lebten im Exil.

Die Monarchisten hätte man bei der Errichtung eines Kö-nigsreiches sofort auf seiner Seite – somit auch die Wehr-machtsführung – und mit ihr die Hauptkraft zur Gewährlei-stung der Politik nach außen.

Blieben nur noch die zu der Zeit mächtigen Anhänger Adolf Hitlers, die einen entscheidenden Machtfaktor im Innern des Landes bildeten. Wie bekommt man sie, wenn man ihren Führer entmachtet, auf die Seite der neuen Macht?

Ein unlösbares Problem, wie die Zeitgeschichte bewiesen hat. Oder nicht?

Gab es wirklich keinen Weg, diesen gordischen Knoten ohne Schwert zu lösen?

Vielleicht hätte man den "Königsmord" jemanden durchfüh-ren lassen sollen, mit dem man eigentlich nichts zu tun hat-te, und wenn der dann versucht, die Macht zu übernehmen, folgt die Gegenhandlung. Man beseitigt die Attentäter und käme als Retter des Reichs groß raus. Sogar mit der Unterstützung beider entscheidenden Strömungen.

Dazu hätte man nur ein paar Widerständler, möglichst welche, die politisch anders dachten, um niemals in den Verdacht politischer Zusammenarbeit zu geraten, zu ermutigen brauchen; ihnen den benötigten Sprengstoff zur Verfügung stellen und mit einer Elitedivision in der Hinterhand warten müssen, was passiert. Klappt das Attentat, greift man ein, um diesen Frevel zu rächen. Klappt es nicht, ... dann auf ein Neues. Man müßte aber eigentlich davon ausgehen, daß eine britische Bombe in der Aktentasche ihr Werk vollbringt. Man sollte dabei aber die Standhaftigkeit von Tischbeinen aus deutscher Eiche nicht unterschätzen und daran denken, daß so ein Plan ins Wasser fallen könnte und mitunter mächtige Wellen schlägt. In den dabei entstehenden Strudel könnten auch unbeteiligte Zuschauer gerissen werden.

Aber aufgeschoben ist nicht aufgehoben. Neue Versuche wurden vorbereitet. Versuche, die sich aufgrund der militärischen Situation nach Mitteldeutschland verlagerten. Die erhoffte Krönung sollte trotzdem stattfinden. Auch dafür brauchte man den getarnten Transport. Erst als alles völlig aussichtslos war, mußte man die Kunstwerke verstecken, damit sie nicht den Alliierten in die Hände fielen.

"An dieser Sache stimmt etwas nicht", so zumindest empfand es Reinhard Borgmann, nachdem er in der Angelegenheit der Kroninsignien mit dem Chef des Preußischen Geheimen Staatsarchivs gesprochen hatte. "Er hat versprochen, sich zu erkundigen, und uns über das Ergebnis zu informieren!"

Auf diese Informationen warten wir heute noch.

Wo sind also die Insignien? Oder besser, wo waren sie? Bis 1945 eindeutig im Besitz des Preußischen Staates. Aufbewahrt im Krönungsschloß Königsberg. Bis zu der Nacht des Luftangriffs, in dessen Folge das Schloß und ein großer Teil der darin aufbewahrten Kulturgüter zerstört wurde. Blieben sie in der Obhut des Dr. Rohde?

In den Nächten vom 27. zum 28. und 29. zum 30. August 1944 fanden die einzigen Luftangriffe der Briten auf Königsberg statt. Luftangriffe, die, militärisch sinnlos, aus sehr weiter Entfernung durchgeführt wurden. Kurze Zeit, nachdem der Mitorganisator des Unternehmens und persönliche Freund des Prinzen Louis Ferdinand von Preußen, Otto John, zu den Engländern übergelaufen war und nach eigenen Angaben für den britischen Geheimdienst arbeitete. Der Anflug der britischen Bomber erfolgte übrigens über das neutrale Schweden, dessen König ein Verwandter der Hohenzollern und der Sachsen–Coburger war.

Das Bernsteinzimmer aber befand sich zu diesem Zeitpunkt schon nicht mehr im Schloß. Hatte man nur das Bernsteinzimmer gesichert?

Eine Begebenheit soll in diesem Zusammenhang noch Erwähnung finden. Eine Begebenheit, die seit Jahren der Sowjetführung bekannt war und Günter Wermusch als Geschichtchen am Rande einfließen ließ:

Am 12. Februar 1974 wandte sich der sowjetische Major a.D. Dmitri Jefimowitsch Gruba in einem Brief an den damaligen Ministerpräsidenten der UdSSR, Alexej Kossygin. Angeregt durch Zeitungsartikel über die Suche nach dem Bernsteinzimmer berichtete er von einem Erlebnis, das er als Kommandeur einer Panzereinheit im Januar 1945 hatte.

'Er sei damals Unterleutnant und mit seiner Einheit im Bestand der 5. Panzerarmee an der Einkesselung Königsbergs beteiligt gewesen. Ende Januar 1945 hatte er mit seinen Panzern die Weichselbucht erreicht, und den Ring um Königsberg kurz vor Elbing geschlossen.

Die Weichselbucht (das Frische Haff) war bei den herrschenden Temperaturen von etwa −20 Grad zugefroren. Am Ufer angekommen, sahen seine Soldaten einen Troß − bestehend aus fünf oder sechs Schlitten, die jeweils von zwei Pferden gezogen wurden −, der sich über das Eis in Richtung Frische Nehrung zubewegte. Mit Direktschuß aus drei Panzern hätten seine Soldaten den Troß versenkt.'

Abgesehen davon, daß der stolze sowjetische Offizier mit seiner Geschichte zugab, daß auch die Russen Kriegsverbrechen begangen haben, denn der Beschuß eines nicht als militärischen Transport identifizierten und offensichtlich fliehenden Pferdetrosses ist ein solches, ist mir nicht klar, wie ein T34 sowjetischer Bauart im Januar 1945 zweitausend Meter im Direktschuß überwunden haben will. Seine maximale Schußentfernung im direkten Richten lag bei 800 Metern. Also bin ich der Auffassung, die haben geschossen, aber nicht getroffen. Und mit den Panzern aufs Eis fahren, um die Entfernung zu verkürzen, das ist unwahrscheinlich...

Diese Auffassung teilte auch die Kommission, die Anfang der achtziger Jahre die Erzählungen des sowjetischen Offiziers überprüfte, und sie schlußfolgerte: Ein letzter Schlittentroß der Deutschen kam übers Haff, obwohl er gesehen und beschossen wurde.

Was schreibt Friedrich Wilhelm Prinz von Preußen in seinem Buch über die Hohenzollern? "Der Prinz (gemeint ist Louis Ferdinand, d. A.) selbst harrte in Cadinen bis zum 25. Januar 1945 aus, um schließlich mit dem letzten Schlittentransport über das Haff den anrückenden sowjetischen Truppen zu entkommen." Eine Zeitbeschreibung, die auch in den Erinnerungen des Prinzen Louis Ferdinand "Im Strom der Geschichte" so zum Ausdruck kommt.

Weiter berichtete der Major a.D.:

'Um die gleiche Zeit hatten sich an der Küste ungefähr 40 Soldaten und ein Zivilist – so um die Fünfzig, gepflegt, sah wie ein höherer Beamter aus – ergeben. Der Zivilist bat um sein Leben und sagte, daß Soldaten soeben das Bernsteinzimmer vernichtet hätten. Er wußte damit nichts anzufangen, deshalb hätte ihn der Zivilist aufgeklärt und ihn nach Cadinen, dem Landsitz von Prinz Louis Ferdinand, dem Enkel Kaiser Wilhelms II., geführt.

Im Keller des Gutshauses fand man eine frisch gemauerte Wand, nur einen Ziegel stark, die die Soldaten teilweise abrissen. Durch das aufgebrochene Loch erblickte er vier große

Kisten. Seine Soldaten hätten die Kisten aufgebrochen. Zum Vorschein waren Kristallüster mit doppelköpfigen Adlern und Spiegel in vergoldeten Rahmen gekommen. Der Zivilist hätte beteuert, daß das alles war, was nun vom Bernsteinzimmer übriggeblieben sei.'

Diesen Vorgang hatte Gruba seinem Kommandeur gemeldet. Was dann geschah, wisse er nicht. Im April sei er dann bei den Kämpfen um Königsberg verwundet worden, war aber bis zu seiner Entlassung in der Armee. Und diese Geschichte hätte er vergessen, weil sie im Geschehen des Krieges eine unwesentliche Begebenheit für ihn war. Erst durch einen Zeitungsartikel zum Bernsteinzimmer wurde er 1973 daran erinnert.

Die Herren in Moskau reagierten wohl sehr langsam auf diese Erzählungen eines Kriegsveteranen, aber immerhin wurde – wenn auch ohne Erfolg – im Weichselhaff gesucht. Man fand aber nicht einmal die Schlitten. Und auch der Prinz Louis Ferdinand von Preußen verstarb erst viele Jahre später, im Jahr 1994.

Schade ist nur, daß ich bis heute nicht weiß, wer dieser Zivilist gewesen sein könnte. Bisher bin ich diesbezüglich an Akten des ehemaligen sowjetischen Geheimdienstes nicht herangekommen. Sehr stutzig macht mich in diesem Zusammenhang die Tatsache, daß ausgerechnet im Jahr 1974 die Stasi den 'Befehl' bekam, geheimdienstlich nach dem Bernsteinzimmer zu suchen. Ich kann mir nicht vorstellen, daß so eine Weisung von Mielke ausgegangen sein könnte. Und dem Inhalt des Berichts des Majors a.D. ist sogar zu entnehmen, daß die Russen wußten, wer der Erbe des Zarenthrones war.

Die Enttarnung des Mythos

Quod erat demonstrandum

(Was zu beweisen wär.)

– 1701, im Jahr seiner Krönung zum ersten Preußenkönig, gibt Friedrich I. den Auftrag, das Bernsteinkabinett herzustellen. Sein Sohn, Friedrich Wilhelm I., der Soldatenkönig, überläßt es 1716 dem russischen Zaren Peter I. Es soll das Bündnis der Preußen und Russen in den Auseinandersetzungen mit Schweden besiegeln.

– Im Verlauf von zwei Jahrhunderten wird das russische Zarengeschlecht der Romanows "germanisiert".

– Nach dem ersten Weltkrieg und seinen Folgen werden die preußische Königs– und Kaiserfamilie der Hohenzollern in Deutschland entmachtet und die deutschstämmige Zarenfamilie in Jekaterinenburg ermordet.

– Das Bernsteinzimmer wird von den Sowjets zum Eigentum des Volkes erklärt. Der eigentliche Erbe des Zaren ist nach dem gewaltsamen Tod Nikolaus II. und seiner Familie – der 1938 in Cadinen (Ostpreußen) verstorbene Kirill von Rußland, verheiratet mit der Prinzessin Viktoria von Sachsen–Coburg–Gotha, Angehöriger des deutschen Hochadels und Schwiegervater des seit 1940 offiziellen Erbprinzen des deutschen Kaisers und Königs von Preußen.

– 1941 wird das Bernsteinzimmer von deutschen Kunstschutzoffizieren im Katharinenpalais von Puschkin abgebaut und kurz danach im ehemaligen Krönungsschloß der Hohenzollern aufgestellt. 1942 gilt es bei den deutschen Kunstexperten noch immer als "Das Bernsteinkabinett Friedrich I."; so wird es auch der Öffentlichkeit präsentiert. Befohlen wird die Bergung des Kunstwerks und die Verlagerung ins Königsberger Schloß laut Tagebuch des 50. Armeekorps vom Oberbefehlshaber der 18. Armee, Generaloberst Georg von Küchler.

– Bereits 1943, so berichtet die Zeitzeugin Elisabeth Amm, hat der Direktor der städtischen Kunstsammlung in persönlichen Gesprächen mit ihr die Absicht geäußert, das Bernsteinzimmer zu verpacken, um es zu schützen.

– Im August 1943 beantragt die NSDAP–Kreisleitung Aue beim Oberbergamt Freiberg den Bau eines Luftschutzbunkers im Poppenwald zwischen Niederschlema und Hartenstein. Dieser Wald gehörte seit Mitte des 19. Jahrhunderts der evangelischen Domkirche zu Zwickau und stammte aus dem Besitz einer Adelsfamilie, deren entfernte Verwandte 1854 den Großvater mütterlicherseits des späteren Chefs des militärischen Geheimdienstes der deutschen Wehrmacht, Admiral Wilhelm Canaris, geheiratet hatte. Es handelte sich dabei um den Oberforstmeister am Hofe der Sachsen–Coburg–Gothaer, Karl Wilhelm Popp.

Genutzt wird das Gelände des Poppenwaldes laut Zeitzeugen zur Ausbildung von "Russen oder so" im Dienste der deutschen Wehrmacht, die auch russische Uniformen tragen. Es sind Angehörige des Regiments "Kurfürst", das zur Division "Brandenburg" gehörig war und auch Soldaten zum Einsatz im Hinterland des Ostfrontgegners ausbildete.

– Seit 1943 laufen Geheimverhandlungen zwischen den westlichen Alliierten und Vertretern der deutschen Opposition zur einseitigen Kapitulation Deutschlands. Hauptverhandlungsorte sind die Schweiz und Schweden. Grundbedingung der Westalliierten: Deutschland muß die bedingungslose Kapitulation unterzeichnen, das heißt Adolf Hitler muß gegenüber den Westmächten kapitulieren; tot oder lebendig.

Verhandlungsbasis ist auch ein Plan, der unter anderem eine von den Alliierten nicht zu besetzende Zone im Südosten Deutschlands vorsieht.

– Am 12. Dezember 1943 vereinbart ein Dr. Lange vom Reichsluftfahrtministerium mit dem preußischen Ministerpräsidenten Hermann Göring den Abtransport von privaten Kunstgütern aus Königsberg. Mitaufgeführt ist dabei das

Bernsteinzimmer, das in einem gesonderten LKW–Transport nach zeitlicher Erfordernis transportiert werden soll. (Von den Fahndern der Stasi der ehemaligen DDR nach dem Bernsteinzimmer wird dieses Dokument als Fälschung bezeichnet, weil nach ihrer Auffassung für das Bernsteinzimmer "Führervorbehalt" galt und es deshalb nicht zum "Privatschatz" Hermann Görings gehören konnte. Daß Göring als Ministerpräsident und Innenminister von Preußen für die Zusammenarbeit mit dem ehemaligen Preußischen Königshaus und für die Genehmigung solcher Transporte zuständig war, wurde dabei völlig außer acht gelassen.)

– Der Generalfeldmarschall von Küchler wartet am 20. Juli 1944 gemeinsam mit Prinz Louis Ferdinand von Preußen – dem von Umsturzplanern vorgesehenen neuen deutschen König – in Königsberg das Ergebnis des Attentats auf Hitler ab. Küchler informiert den Prinzen über die Frontlage und soll ihm dabei den Rat gegeben haben, sein Hab und Gut nebst Familie aus Ostpreußen zu verlagern, und zwar möglichst westlich der Oder.

– Zum ungefähr gleichen Zeitraum wurde das Bernsteinzimmer, nachdem es nach einem Brand im Nachbarraum des Königsberger Schlosses abgebaut und gereinigt worden war, in Kisten verpackt und, wahrscheinlich von Feuerwehrleuten und einem Gustav Wyst begleitet, aus Königsberg herausgebracht.

– Aufgrund des fehlgeschlagenen Attentats auf Hitler wird dem Diktator das Ausmaß des Widerstands gegen ihn deutlich. Es scheint ihm klar zu sein, wer hinter den Verschwörern steht: "Es ist mein tiefer Glaube, daß meine Feinde die 'vons' sind, die sich Aristokraten nennen", äußert er.

Nach dem Attentat werden viele führende Köpfe des Widerstands gegen Hitler ermordet und eingesperrt. Nicht in die Fänge der Gestapo geraten Prinz Louis Ferdinand von Preußen (den die Gestapo befragte, aber nicht verhaftete) und der enge Vertraute des Admirals Canaris, des Generals Oster und der königlichen Familie, Oberstleutnant Friedrich Wilhelm Heinz (der erst verhaftet, dann aber wieder freigelassen wurde und sich in die Schweiz absetzen konnte, aber im Februar 1945 wieder in Berlin auftauchte) sowie Otto John, der sich zu dem Zeitpunkt in England aufhielt. John war aus gemeinsamen Zeiten im Fliegerkorps und bei der Lufthansa ein Vertrauter des Prinzen Louis Ferdinand. Er war aus dem engsten Kreis um Goerdeler, Oster, Olbricht u.a. Otto John hatte als Mittelsmann bereits 1942 den Prinzen Louis Ferdinand für die Rolle des neuen Chefs der konstitutionellen Monarchie in Deutschland gewonnen.

– Am 29. und 30. August greifen englische Bomberverbände Königsberg an und zerstören die Innenstadt. Ein augenscheinlich sinnloser Terrorangriff, den Dr. Alfred Rohde, Direktor der Städtischen Kunstsammlungen Königsbergs, nutzte, um den Verbleib des Bernsteinzimmers und einiger anderer Gegenstände, die sich angeblich noch im Königsberger Schloß befinden, zu verschleiern.

– Im Spätherbst 1944 werden in der Papierfabrik am Bahnhof Niederschlema KZ–Häftlinge untergebracht. Die Papierfabrik gehörte zu diesem Zeitpunkt zu den vereinigten Papierwerken, die im Besitz des Industriellen Gustav Schickedanz, einem Mitglied der Widerstandsbewegung 1944, waren. Diese Häftlinge werden täglich in den Poppenwald, der unmittelbar neben dem Bahnhof Niederschlema beginnt, zur Arbeit geführt.

– Im Januar 1945 wird Hitler zur Führung der militärisch sinnlosen Ardennenoffensive an die Westfront gelockt. Die militärischen Vorhaben schlagen fehl. Hitler kehrt Ende Januar unversehrt nach Berlin zurück.

– Mitte Januar taucht das Bernsteinzimmer – in Kisten verpackt – im Schloßhof Königsberg auf und verläßt auf LKW verladen kurz vor dem 25. Januar 1945 Königsberg. Gemeinsam mit anderen Kunstgegenständen wird es von ehemaligen Angehörigen des Regiments "Kurfürst" in den Raum Thüringen transportiert.

– Obwohl seine Familie bereits Ostpreußen verlassen hat, wartet der Prinz Louis Ferdinand von Preußen auf seinem

Gut Cadinen auf die Wende des Krieges. Da sie nicht eintritt, verläßt er Ostpreußen am 25. Januar 1945, knapp vor der Besetzung durch Russen. Sein Ziel ist Bad Kissingen.

– Am selben Tag stößt der sowjetische Unterleutnant Gruba mit seinen Soldaten auf das Weichselhaff – in unmittelbarer Nähe des Gutes Cadinen – vor. Dabei stellen sie fest, daß ein Schlittentroß über das zugefrorene Haff flieht. Der Unterleutnant läßt den Troß aus drei Panzern beschießen. Ein zum gleichen Zeitpunkt gefangen genommener Zivilist behauptet, daß dieser Troß das Bernsteinzimmer beförderte und es jetzt zerstört sei. Zum Beweis für seine Behauptungen führt er die Soldaten in einen Keller des Gutes Cadinen, in dem hinter einer zugemauerten Wand noch Kunstgegenstände gefunden werden, die zum Bernsteinzimmer gehören sollen (Spiegel und Leuchter).

Auf dem Gut Cadinen lebte bis zu seinem Tod 1938 auch der offizielle Thronfolger des russischen Zaren Kirill von Rußland und dessen Gemahlin, die Prinzessin Viktoria von Sachsen–Coburg–Gotha, die aber bereits 1936 verstorben war.

– Anfang Februar 1945 trifft ein Transport mit dem Bernsteinzimmer in Thüringen ein. Es wird im Schloß Reinhardsbrunn bei Gotha eingelagert. Besitzer des Schlosses ist der Herzog zu Sachsen–Coburg und Gotha, ein enger Verwandter des Prinzen von Preußen und dessen Ehefrau, der Großfürstin Kira von Rußland. Der Herzog ist auch Präsident des Deutschen Roten Kreuzes.

– In Thüringen wird in fieberhafter Eile das neue Hauptquartier Hitlers vorbereitet. Das Objekt "Olga" im Jonastal bei Ohrdruff wird von Hunderten Häftlingen des KZ Buchenwald ausgebaut. Ende März 1945 begibt sich ein Begleittroß des Führers ins Objekt "Olga".

In einem Eisenbahntunnel nahe dem thüringischen Ort Oberhof wird der 'legendäre' Sonderzug stationiert, in dem die deutsche Führung 1918 die Kapitulation unterzeichnete, in dem 1940 Frankreich gegenüber Deutschland kapitulierte und der als Lieblingszug Adolf Hitlers galt.

– Am 4. April 1945 werden in einem Bunker des Lagers Zeppelin in der Nähe von Zossen bei Berlin die lange gesuchten Tagebücher des ehemaligen Geheimdienstchefs der Wehrmacht, Wilhelm Canaris, gefunden. Sie dienen Hitler als Anlaß, die inhaftierten Mitglieder des Widerstands gegen ihn in einem Prozeß wegen Hochverrats zum Tode zu verurteilen und diese Urteile am 9. April 1945 teilweise zu vollstrecken.

– Das Begleitkommando Hitlers im Objekt "Olga" wird am 10. April wieder nach Berlin beordert. Hitler verbleibt in den Bunkern der Berliner Reichskanzlei. Er kommt der Absicht, den Krieg von Thüringen aus weiterzuführen, nicht nach.

– Der Chef des Sächsischen Nationalsozialistischen Fliegerkorps, Albert Popp, Verwandter des am 9. April ermordeten Admirals Canaris, holt am 9. und 10. April 1945 im Thüringer Landesmuseum in Weimar eingelagerte und als Königsberger Kunstgut deklarierte Kisten und Behälter ab, die er mit einem LKW des Schweizer Roten Kreuzes abtransportiert. Mit einem gleichen Fahrzeug holte wenige Tage vorher (genaues Datum ist nicht feststellbar) ein hoher Fliegeroffizier die im Schloß Reinhardsbrunn eingelagerten Kisten mit Bernsteinarbeiten ab.

– Im März/April 1945 werden im Oberbergamt Freiberg Akten zum Vorgang Bunkerbau im Raum Aue makuliert. Der gesamte Schriftverkehr zum entsprechenden Aktenzeichen wird vernichtet. Nicht vernichtet wurde ein Antwortschreiben, das sich in der NSDAP–Kreisleitung Aue befand.

In der Nacht vom 11. zum 12. April 1945 holt Albert Popp, wiederum mit einem Fahrzeug des Roten Kreuzes, seine Familie in Elsterberg ab und bringt sie ca. 50 km weiter östlich, bei Schwarzenberg im Erzgebirge unter. Dabei nimmt er auch den persönlichen Schmuck seiner Frau mit, um ihn sicher zu verstecken. Bis zu seinem Tod 1976 ist er nicht in der Lage, ihr diesen Schmuck zurückzugeben.

– Am 11. April 1945 erhält Stalin von Roosevelt ein Telegramm, in dem er ihm mitteilt, daß auf seinen Befehl hin Geheimverhandlungen zwischen Deutschen und Amerikanern, die in Bern (Schweiz) stattfanden, abgebrochen wurden. Am 12. April 1945 stirbt Roosevelt.

– Am 13. April 1945 erläßt der Kommandierende der 3. amerikanischen Armee, General Patton, den Befehl, das Gebiet des Westerzgebirges nicht zu besetzen.

– Dieser Raum ist seit Anfang April 1945 der Konzentrationsraum der Heeresgruppe Schörner (ca. 1,2 Millionen Mann) mit dem Befehl, auch nach einer möglichen Kapitulation Deutschlands den Kampf gegen die Russen fortzustezen. Erst am 15. Mai geht diese Truppe in Gefangenschaft der amerikanischen Armee.

– Im zeitigen Frühjahr des Jahres 1945 taucht der wegen Fahnenflucht gesuchte Friedrich Wilhelm Heinz als illegal in Berlin Lebender wieder auf. Anfang April 1945 verläßt er Berlin in Richtung Potsdam; plötzlich im Besitz gültiger Papiere des RSHA.

– Im Herbst 1944 verläßt die Familie des ehemaligen Offiziers der "Brandenburg" und nunmehrigen Sturmbannführers Gustav Wyst Ostpreußen, um in Sachsen Quartier zu bekommen. Anfang Februar 1945 kommt auch er nach Sachsen, aber als entlassener Wehrmachtsangehöriger.

– Am 14. April 1945: auf dem Sportplatz der Gemeinde Niederschlema werden 83 KZ–Häftlinge ermordet und in einem alten Bergwerk begraben. Mit ihnen werden 18 Männer beerdigt, die – Gerüchten in der Bevölkerung nach – deutsche Soldaten gewesen sein könnten, möglicherweise aber russischer Nationalität. Ebensolche Soldaten hielten sich bis dahin wochenlang im Poppenwald bei Schlema auf. Laut offizieller Version liegen aber 18 Sowjetsoldaten mit im Massengrab.

– Das Gebiet um Aue/Schwarzenberg bleibt im April/Mai 1945 unbesetzt. Anfang Mai steht auf den Eisenbahngleisen des Bahnhofs Schlema am Rand des Poppenwaldes ein Zug mit Mobiliar und Geschirr von einem Gut oder Schloß aus Ostpreußen. Da diese Waggons von niemandem entladen werden, plündert die Bevölkerung der Gegend den Zug.

- Der ehemalige Geheimdienstoffizier und extreme Bolschwistenfeind Friedrich Wilhelm Heinz kommt mit einem späteren Vermögensverwalter des Hauses Hohenzollern in die russisch besetzte Zone. Der ursprüngliche Auftrag, die Versorgung der Berliner Bevölkerung mit Lebensmitteln, schlägt fehl. Heinz verbleibt in der russischen Besatzungszone und wird Bürgermeister von Bad Saarow, einem Ort, in dem er offiziell bis zum Ende des Krieges wohnte. Aufgrund von nicht gesetzeskonform gehenden Aktivitäten muß er 1946 nach Berlin (West) übersiedeln.

- Obwohl das Gebiet um Aue noch immer nicht besetzt ist, tauchen im Mai/Juni 1945 amerikanische Offiziere auf und befragen die Bevölkerung nach Verstecken von Kunstwerken.

- Das unbesetzte Gebiet fällt laut Potsdamer Abkommen im Juni 1945 an die Sowjetunion und wird von der Roten Armee besetzt.

- Aufgrund der Uranvorkommen im Raum Schlema werden die Gebiete um Schlema zu militärisch wichtigen Zonen erklärt und besonders extrem von russischen Truppen gesichert.

- Der in Königsberg verbliebene ehemalige Direktor der staatlichen Kunstsammlung Königsberg stirbt auf bis heute ungeklärte Weise.

- Am 9. Dezember 1945 verunglückt der ehemalige Kommandeur der 3. US–Army General Patton tödlich. Amerikanische Stellen sprechen von einem möglichen Attentat. Der als Held des Zweiten Weltkrieges geltende General wird auf einem Soldatenfriedhof in Luxemburg beigesetzt. Eine Überführung der Leiche – wie sonst üblich – in seine Heimat Texas findet nicht statt.

- Der ehemalige Offizier des deutschen Geheimdienstes Gustav Wyst verlegt seinen Wohnsitz nach Schlema. Er ist kriegsversehrt und geht keiner geregelten Arbeit nach. Trotzdem leidet die Familie nicht an Geldmangel. Pfingsten 1947 verzieht die Familie nach Elsterberg, wo Gustav Wyst kurze Zeit darauf unter ungeklärten Umständen im

Krankenhaus Greiz verstirbt. Kurz vor seinem Tod erzählt er seinem Sohn, daß er das Bernsteinzimmer versteckt habe.

– Im selben Jahr kehrt der Schwiegersohn des Poppenwaldförsters zu Schlema aus der Kriegsgefangenschft zurück. Er war Forstgehilfe seines Schwiegervaters und seit 1941 Soldat der Luftwaffe. 1944 erhält er (nach 3 Jahren) Urlaub, um die ältere Tochter des Poppenwaldförsters heiraten zu können.

Nach seiner Heimkehr reißt er eine alte Jagdhütte neben einem Steinbruch ab, die dort seit 1927 stand und ab Mai 1943 nicht mehr genutzt worden war. Des weiteren füllt er, im Auftrag seines Schwiegervaters, im Gelände dieser Gegend entstandene Löcher und Gruben auf, um die Landschaft zu begradigen.

– Staatliche russische Stellen suchen 1946, 1949 und 1950 im Schloß Hartenstein und Umgebung nach dem Bernsteinzimmer. Die Suche verläuft wahrscheinlich ergebnislos.

– Der ehemalige Geheimdienstoffizier Friedrich Wilhelm Heinz wird der erste Chef der Abwehr (Spionage) im Amt Blank der neuen Bundesrepublik Deutschland. Im Jahr 1953 nimmt er Kontakt mit dem russischen Geheimdienst auf, der aber fehlschlägt. Seitens seiner Vorgesetzten wirft man ihm Verrat vor, und er wird 1954 von seinem Posten entbunden. Er behauptete aber, er sei von den Russen entführt worden.

– Der Förster des Poppenwaldes wird 1953 von seinem Schwiegersohn im Wald gefunden. Ein Baum soll ihn beim Bäumerücken mit dem Pferd erschlagen haben. Zeugen dafür gibt es nicht, da er allein im Wald gearbeitet hat.

– Am 20. Juli 1954 will der Präsident des Verfassungsschutzes der Bundesrepublik Deutschland, Otto John, angeblich von der Stasi entführt worden sein, um in der DDR als Friedens– und Einheitsapostel aufzutreten. Die 'Entführung' findet in der Praxis eines Westberliner Arztes statt, den John nach einem offiziellen Festakt anläßlich des 20. Juli zur Klärung von privaten Problemen einer Bekannten aufsucht. Am selben Abend ist im Haus John der Prinz Louis Ferdinand von Preußen zum Abendessen eingeladen.

John kehrt nach mehrmonatigem Aufenthalt in der DDR, bei dem er auch offiziell als Kriegsgegner und Verfechter einer deutschen Einheit auftrat, mittels einer abenteuerlichen "Flucht" in die Bundesrepublik zurück. Da man ihm die Variante 'Ich wurde entführt' nicht glaubt, wird er angeklagt, als Verräter gebrandmarkt und zu einer Gefängnisstrafe verurteilt. Erst 1986 wird er vom Bundespräsidenten von Weizsäcker rehabilitiert.

– Der ehemalige Offizier des Regiments "Kurfürst" Erwin Keiluweit kehrt 1957 aus russischer Gefangenschaft zurück. Wegen staatsfeindlicher Äußerungen wird er eingesperrt. Im Gefängnis erzählt er, daß er 1945 beim Transport des Bernsteinzimmers dabei war. Seine Äußerungen erscheinen den zuständigen Organen nicht wichtig. Man hält ihn aufgrund seiner Auffassung, das Bernsteinzimmer gehöre nicht den Russen, für geistig verwirrt.

– Der ehemalige Offizier der Sowjetarmee Gruba schreibt 1974 einen Brief an den Ministerpräsidenten der Sowjetunion über seine Bernsteinzimmererlebnisse vom Januar 1945.

– 1974 wird die bis dato nur von russischen Stellen offiziell betriebene Fahndung nach dem Bernsteinzimmer in der DDR von der Staatssicherheit Mielkes übernommen. Dabei entwickelt sich auch eine lockere Zusammenarbeit zwischen dem getarnten Stasi–Fahnder Enke und dem bundesdeutschen Hobbyfahnder Stein.

– Im Jahr 1978 verstirbt der später von der Stasi als mutmaßlicher Verbringer von Kunstgütern im Erzgebirge bezeichnete Albert Popp. Er war vom 16. Mai 1945 bis 1947 in amerikanischer Kriegsgefangenschaft und lebte danach in der Bundesrepublik Deutschland. Sein letzter Wohnsitz war in Frankfurt/Main.

In einem Artikel der "Zeit" wird im Dezember 1978 über die Arbeit des Georg Stein bei der Suche nach dem Bernsteinzimmer berichtet. Dabei ist auch die Rede von dem ehemaligen Leiter des Kunstraub–Einsatzstabes Rosenberg, Gerhard Utikal. Er soll behauptet haben, daß der Reichsleiter Rosenberg auf einem Dokument vom März 1945 Notizen zum Verbleib des Bernsteinzimmers gemacht habe. Es soll dabei die Rede von einem "Schickedanzplan" gewesen sein, den aber Zeitzeugen aus dem ehemaligen Einsatzstab nicht kennen.

– Im Ergebnis seiner Forschungen kommt Stein 1987 als einer der ersten öffentlich zu dem Schluß, daß adlige Kreise ("Erben des Hauses Romanow") mit dem Verschwinden des Bernsteinzimmers zu tun haben könnten. Von ihm werden auch ehemalige Geheimdienstoffiziere aus dem Umfeld von Canaris ins Spiel gebracht.

Im September 1987 wird die Leiche des Hobbyforschers Stein gefunden; angeblicher Selbstmord eines geistig Verwirrten.

Zwei Monate später stirbt auch der Stasi–Sucher Enke auf offener Straße. Er war herzkrank.

– Die Suche nach dem Bernsteinzimmer wird von der Stasi weitergeführt. Der Stasioffizier Schmidt wird mit der Unterstützung der Suche beauftragt. Er läßt unter anderem Hunde zur Suche nach Bernstein abrichten. In den vermuteten Unterbringungsorten des Jonastals bei Ohrdruff, werden diese Hunde ohne Erfolg eingesetzt.

– Enkes Untersuchungen hatten sich in seinen letzten Lebensjahren auf das Westerzgebirge konzentriert.

Der durch die Wende arbeitslos gewordene Schmidt sucht auf dessen Spuren weiter und stößt bereits 1992 auf eine erneute Spur. Die von ihm weiter benutzten Hunde weisen in einem Buchenwald zwischen Schlema und Wildbach auf das Vorhandensein von Bernstein. Er versucht daraufhin, mit noch in Deutschland sich aufhaltenden Angehörigen der russischen Armee in Kontakt zu kommen.

Seine Informationen sollen nach Aussage seines Freundes und Hundeführers die Ursache für die Behauptung des russischen Präsidenten Jelzin sein: Er wisse, wo das Bernsteinzimmer liegt! Die russische Seite zeigt aber kein weiteres Interesse.

– Durch einen Zufall kommen die ehemaligen Stasisucher

um Schmidt in persönlichen Kontakt mit mir. Sie bitten mich, ihre Bemühungen um Aufklärung dieser "Kunstraubgeschichte" zu unterstützen.

Die dabei von mir gesammelten Erkenntnisse stimmen mit den bisherigen Wunschvorstellungen der "Schatzsucher" nicht überein. Sie sehen ihre Absicht, mit dem erfolgreichen Lösen des Rätsels – die Arbeit der Stasi zu rehabilitieren – gefährdet und beginnen, mich zu bedrohen und meine Ermittlungsergebnisse zu verleugnen.

Bei der Auswertung einer Spur, die von der Theorie "Kunstraub im Auftrage Adolf Hitlers" endgültig abweicht, kommt es zum Bruch in der Zusammenarbeit.

– Im Januar 1995 zeigt das Magazin "Kontraste" vom Sender Freies Berlin Berichte über die Arbeit des Privatdetektivs Reimann und deren vorläufige Ergebnisse.

– Am 17. März 1995 erhalte ich die Möglichkeit, meine Untersuchungen einer im Auftrag des Wirtschaftsministeriums handelnden Kommission vorzulegen. Dabei werden weitere Schritte der Zusammenarbeit und die dabei auf mich zukommenden Aufgaben beraten. Mir wird mitgeteilt, daß einer offiziellen Suche nach dem Bernsteinzimmer nicht zugestimmt werden kann. Das Bernsteinzimmer gilt als in Rußland vernichtet. Einer Suche nach "verschollenen Kunstgütern" stehe aber nichts im Wege.

Diese Sonderstellung des Bernsteinzimmers vertieft den Verdacht in mir, daß es sich beim Verschwinden des Kunstwerkes um eine gelenkte Geschichte handelt, die möglicherweise politische Zusammenhänge bis in die heutige Zeit hat.

– Im Sommer 1995 verstirbt Schmidt plötzlich im Alter von 57 Jahren an Herzversagen.

– Die von mir und meinen Freunden weitergeführten Ermittlungen führen zu den nun vorgelegten Erkenntnissen, die eine intensivere Untersuchung des Geländes im Poppenwald rechtfertigen.

– Auf Grund fehlender finanzieller Möglichkeiten kommen

diese Möglichkeiten nur sehr langsam voran und sind bis zum heutigen Zeitpunkt noch nicht abgeschlossen.

– Nach Aussagen einiger Einwohner des Westerzgebirges suchte seit 1990 auch ein älterer Adliger mit seiner Frau in der Umgebung des Schlosses Hartenstein nach dem Bernsteinzimmer. Bis zum 21. Juni 1996 gelang es mir nicht, die Identität der Person zu klären. Dies schien mir auch nicht wesentlich zu sein.

Leider kann ich diesen Irrtum nicht korrigieren. Das seit 1990 in Limbach–Oberfrohna (Westerzgebirge) lebende Herzogpaar Ernst–Leopold von Sachsen–Coburg und Gotha und seine Gemahlin Sabine–Margarethe begingen am 20. Juni 1996 Doppel–Selbstmord am schönen Tegernsee (Südbayern). Sie haben sich, auf die Sekunde genau zeitgleich, im Auto sitzend, mit Schrotflinten in den Mund geschossen. Da kein Abschiedsbrief vorhanden war, konnte das Motiv für diesen Selbstmord (?) bis heute nicht geklärt werden. Eine Einladung zur Jagd sollte der Grund für die Reise gewesen sein. Nur, wer jagt im Juni am Tegernsee mit Schrot?

Fast das letzte Kapitel

"Bloß gut, daß vor uns schon andere Enthusiasten Erfahrungen im Umgang mit deutschen Amtsstuben machten." Hardy Krischkowsky, unser Mann in Sachen Medien und Öffentlichkeit, spielte dabei auf die Erlebnisse des Weimarer Amateurforschers Stadelmann an, der mit dem Schriftsteller und Historiker Dr. Schneider Anfang der 90er Jahre den Versuch startete, im ehemaligen Gauforum der Stadt Weimar nach dem Bernsteinzimmer suchen zu lassen. Dr. Wolfgang Schneider hat in seinem Tagebuch "Die neue Spur des Bernsteinzimmers" über ihre Amokläufe zwischen den Behörden Thüringens berichtet.

Er schreibt aber auch über das Verhalten der Medien und einiger sogenannter "Freunde" und Partner, wie dem Amerikaner Scott und dem Baron Falz−Fein zu Liechtenstein. "Das Verhalten des Barons zum Beispiel muß einem doch zu denken geben. Warum läßt er Schneider erst abfahren und behauptet, das Bernsteinzimmer sei verbrannt, um dann − nachdem ihm der Ort des Suchens bekannt wird − seine Meinung blitzschnell zu ändern und Hilfe anzubieten?" Nach Hardys Auffassung konnte dieser Sinneswandel nur durch den Namen des Suchorts gekommen sein: "Der wußte, daß sie an der falschen Stelle suchen, und das war der Grund für ihn, sogar Jelzin ins Spiel zu bringen. Damit konnte er sich erneut als der große Bernsteinzimmersucher hervortun, ohne Gefahr, daß das Bernstein gefunden wird."

Ich kam nicht umhin, diesem Gedanken eine gewisse mögliche Wahrheit einzuräumen. Zumal ich immer noch der Meinung bin, daß ein Baron ukrainisch−deutscher Abstammung, dessen Großvater Haushofmeister am Zarenhof war, über die Eigentumsverhältnisse des Bernsteinzimmers eine andere Auffassung als die Russen haben könnte.

"Wie auch immer, wenn wir uns mit der Veröffentlichung unserer Vermutungen befassen, dann sollten wir versuchen, die Fehler anderer zu vermeiden." Das war unsere einhellige Meinung und daraus resultierte auch unsere weitere Arbeit.

Es ist eine lange Liste von Freunden und interessierten Menschen, die uns bei den Aktivitäten, die logischerweise diesen Ermittlungen folgten, unterstützten. Wenn ich hier meinen Dank denen ausspreche, die ohne viel Wenn und Aber mir ihre Hilfe anboten, ist das keine Floskel. Das gilt für Reinhard Borgmann genauso wie für Dr. Peter-Hugo Scholz, einem Leiziger Journalisten, den Rechtsanwälten Dr. Frank und Jens Hartmann, Hardy Krischkowsky und den vielen Ungenannten.

Eine Hilfe, die uns trotz der Schwierigkeiten, die sich bei der Realisierung solcher Aktionen zwangsläufig einstellen, uns dem eigentlichen Ziel, die Bergung der im Poppenwald verbrachten Gegenstände, sehr nahe brachte. Aber bis jetzt eben nur sehr nahe.

Leider sind Untersuchungen auf geophysikalischer Basis in dem Gelände von äußerster Kompliziertheit. Die absolute Methode, unter diesen Bedingungen Hohlräume in Tiefen – die möglicherweise unter 8 bis 10 Metern liegen – zu finden, gibt es leider noch nicht.

Diese Arbeiten sind eigentlich mit hohen Kosten verbunden. Geld, daß keiner von uns hat. Trotzdem konnten wir es versuchen. Die ersten Untersuchungen gewährleistete die Wismut in Schlema. Dank der Initiative des Bürgermeisters, Herrn Barth, wurden von der C&E Consulting und Enginering GmbH Messungen durchgeführt. Unabhängig davon erklärte sich auch die Geophysik GGD Leipzig bereit, gravimetrische und magnetische Messungen im begrenzten Umfang vorzunehmen. Die Ergebnisse der Untersuchungen ließen uns hoffen.

Kaum zu bremsen war die Bereitschaft der Bergsicherung Schneeberg, ihre Erfahrungen und ihr Können bei der Suche nach den verschollenen Kunstgütern einzubringen. Und sie verstehen ihr Handwerk, daran ließen sie keinen Zweifel aufkommen. Sie überzeugten mit ihrer Einsatzbereitschaft und ihrem Können sogar die sonst immer recht Skeptischen unter uns.

Möglich wurde das alles aber erst, als sich der Abteilungsleiter Altbergbau beim Oberbergamt Freiberg, Herr Voigt, in die Suche einschaltete. Ihm war aufgefallen, daß die von mir vorgetragenen Argumente, vor allem was den Poppenwald und dessen Zustand aus bergmännischer Sicht betraf, den Tatsachen entsprechen. Seine Überprüfung der Situation, die er mit den Geschäftsführern der Schneeberger Bergsicherung ohne mein Wissen durchführte, und die dabei von ihm gefundenen Umstände veranlaßten ihn, mich mit den Schneeberger Bergleuten zusammenzubringen.

Der Gesamtumfang der Arbeiten, die wir für notwendig erachten, erlaubte es uns bisher noch nicht, diese abzuschließen, trotz der Bereitschaft vieler Freunde.

Die Schwierigkeiten, die jetzt noch vor uns stehen, sind nicht unüberwindbar.

Oder sollten doch wieder Machtfragen im Wege stehen?

Vorläufiges Ende

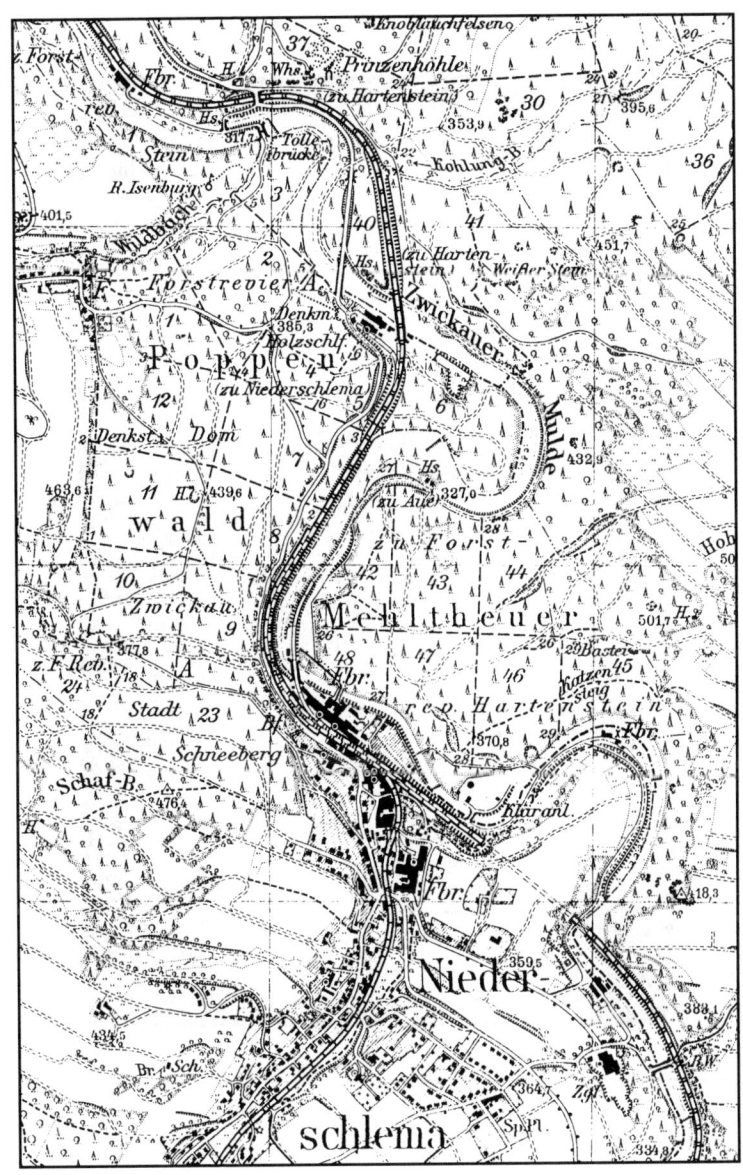

Auszug aus der Genaralstabskarte "Kirchberg" von 1943; mit dem Poppenwald. Maßstab 1:25.000

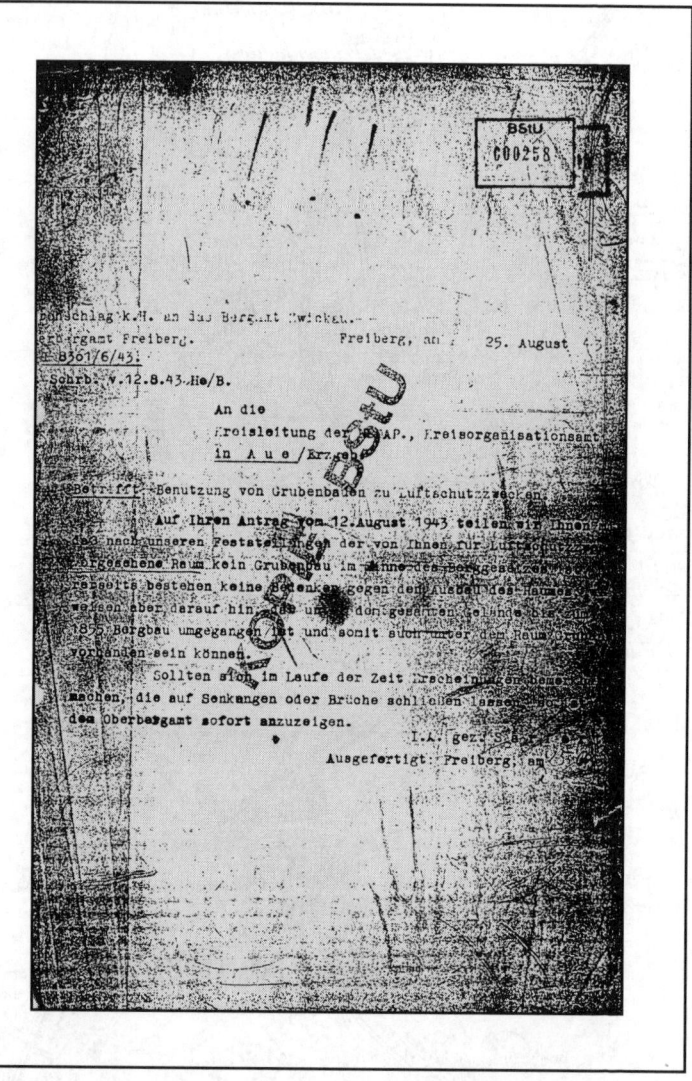

Antwortschreiben des Oberbergbauamtes Freiberg auf den Antrag der NSdAP Kreisleitung Aue auf einen Antrag zum Bau eines Luftschutzbunkers.

Luftaufnahme über das Gebiet von Schlema
vom 19.7.1945.

Angehörige der Division "Brandenburg" in Uniformen der
Roten Armee.

Das Mundloch eines
verschollenen Stollens im
Raum Aue. Aufnahme
von 1927. (Quelle: BStU –
Akte "Puschkin")

Foto der Geländesituation im Poppenwald. Das Bild zeigt einen Teil gesprengter und getarnter Eingangszugänge.

Bergspitze im Poppenwald. 1956 zum Wasserbehälter ausgebaut.

*An dieser Buche am Kohl-
weg wurden vermutlich
die 18 "Sowjetsoldaten"
erschossen. Einritzungen
verweisen auf eine Berg-
spitze.*

*Eine der Grabplatten am
Kohlweg für die am
14. April 1945 ermordeten
Häftlinge und "Sowjetsol-
daten".*

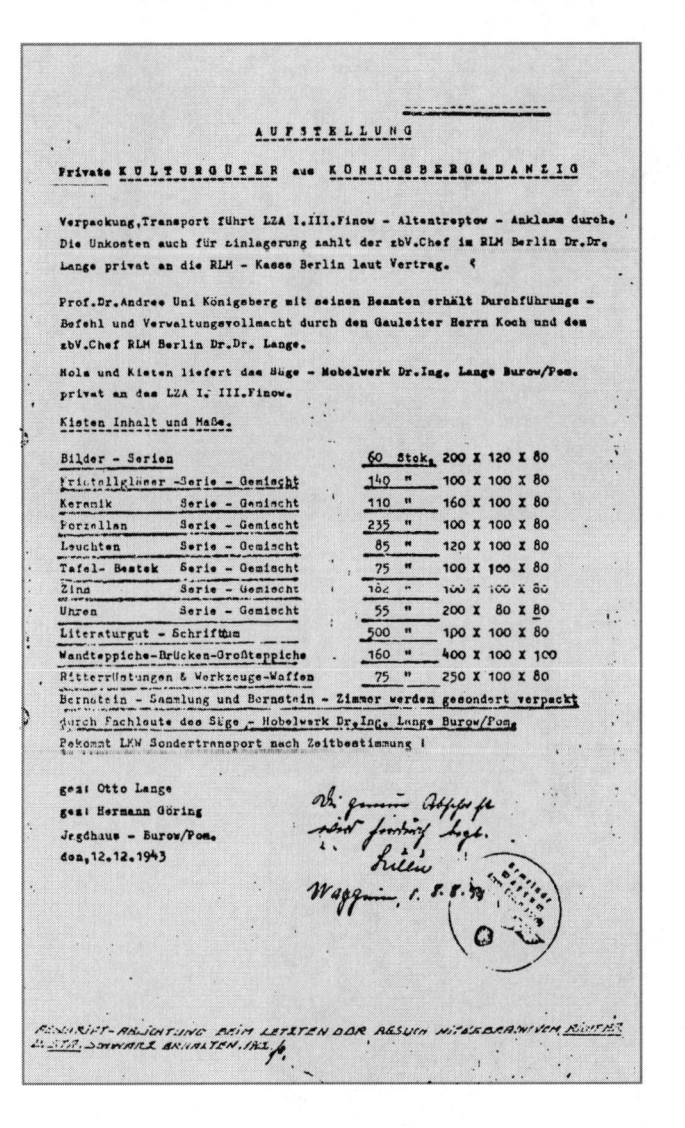

A U F S T E L L U N G

Private K U L T U R G Ü T E R aus K Ö N I G S B E R G & D A N Z I G

Verpackung,Transport führt LZA I.III.Finow - Altentreptow - Anklam durch.
Die Unkosten auch für Einlagerung zahlt der zbV.Chef im RLM Berlin Dr.Dr.
Lange privat an die RLM - Kasse Berlin laut Vertrag.

Prof.Dr.Andree Uni Königsberg mit seinen Beamten erhält Durchführungs -
Befehl und Verwaltungsvollmacht durch den Gauleiter Herrn Koch und den
zbV.Chef RLM Berlin Dr.Dr. Lange.

Holz und Kisten liefert das Säge - Hobelwerk Dr.Ing. Lange Burow/Pom.
privat an das LZA I. III.Finow.

Kisten Inhalt und Maße.

Bilder - Serien		60 Stck.	200 X 120 X 80
Kristallgläser -Serie - Gemischt		149 "	100 X 100 X 80
Keramik Serie - Gemischt		110 "	160 X 100 X 80
Porzellan Serie - Gemischt		235 "	100 X 100 X 80
Leuchten Serie - Gemischt		85 "	120 X 100 X 80
Tafel- Besteck Serie - Gemischt		75 "	100 X 100 X 80
Zinn Serie - Gemischt		162 "	100 X 100 X 80
Uhren Serie - Gemischt		55 "	200 X 80 X 80
Literaturgut - Schrifttum		500 "	100 X 100 X 80
Wandteppiche-Brücken-Großteppiche		160 "	400 X 100 X 100
Ritterrüstungen & Werkzeuge-Waffen		75 "	250 X 100 X 80

Bernstein - Sammlung und Bernstein - Zimmer werden gesondert verpackt
durch Fachleute des Säge - Hobelwerk Dr.Ing. Lange Burow/Pom.
Bekommt LKW Sondertransport nach Zeitbestimmung !

gez: Otto Lange
gez: Hermann Göring
Jagdhaus - Burow/Pom.
den,12.12.1943

Auszug aus dem Vertrag des Dr.Dr. Lange mit Hermann Göring.

Arbeiten vor Ort.

Erste Bohrungen ins Bergmassiv.

*Das Bernsteinzimmer in Puschkin/Zarskoje Selo
vor 1941.*

Beratungen vor Ort zur Festlegung weiterer Bohrstellen mit dem Leiter des Unternehmens und Autor Dietmar B. Reimann (Bild o.re.).

Anmerkungen

1 Miquel, Pierre: Europas letzte Könige. S. 28

2 Enke, Paul: Bernsteinzimmer–Report. Verlag Die Wirtschaft, 1987, S. 228

3 ebenda, S. 228

4 ebenda, S. 62

5 ebenda, S. 74

6 ebenda, S. 75

7 Wermusch, Günter: Die Bernsteinzimmer–Saga. Verlag Christoph Links, 1991, S. 36

8 Bundesanstalt für Staatssicherheitsunterlagen (BStU), Akte "Puschkin"

9 Enke, a.a.O., S. 118

10 unveröffentlichtes Interview von Dietmar B. Reimann und Dr. Peter–Hugo Scholz mit Graf Rothkirch von der Asseburg, 1996

11 Enke, a.a.O., S.107

12 ebenda, S. 107; Berliner Zeitung: Sonderausgabe 1974

13 ebenda, S. 140

14 ebenda

15 Wermusch, a.a.O., S. 68

16 Enke, a.a.O., S. 205

17 BStU, Akte "Puschkin"

18 ebenda

19 ebenda

20 Enke, a.a.O., S. 197

21 Wermusch, a.a.O., S. 97

22 BStU, Akte "Puschkin"

23 Enke, a.a.O., S. 237

24 BStU, "Akte Puschkin"

25 ebenda

26 ebenda

27 Höhne, Heinz: Canaris, Patriot im Zwielicht. C.Bertelsmann Verlag GmbH München 1976. Sonderausgabe Gondrom Verlag, Bindlach 1993, S.9

28 Abshagen, Karl Heinz: Canaris, Stuttgart 1949, S. 26

29 Höhne, a.a.O., S. 470 ff

30 ebenda

31 ebenda

32 ebenda

33 ebenda

34 ebenda, S. 462

35 Dousinague, Jose Maria: Espana tenia razon. S. 295

36 Höhne, a.a.O., S. 533

37 ebenda, S. 536

38 ebenda, S. 537

39 ebenda, S. 549

40 Abshagen, a.a.O.

41 Friedrich Wilhelm Prinz von Preußen: Das Haus Hohenzollern 1918–1945. Langen/Müller Verlag GmbH, München–Wien 1985

42 Alexander Fürst zu Dohna–Schlobitten: Erinnerungen eines alten Ostpreußen. Siedler Verlag GmbH, Berlin 1989, S. 189

43 BStU, Akte "Puschkin"

44 Andreas–Friedrich, Ruth: Der Schattenmann. Suhrkamp–Verlag, Berlin 1986, S. 298

45 Prinz v. Preußen, a.a.O., S. 260

46 BstU, Akte Heinz, F.W.

47 Prinz v. Preußen, a.a.O., S. 279

48 ebenda, S. 25

49 dtv–Lexikon, Bd. 8, S. 302

Personenregister

Abshagen, Karl Heinz 75, 107, 148

Adenauer, Konrad 150

Alexander I. 9 f

Alexander II. 9 f

Alexander III. 9 f

Alice von Hessen–Darmstadt 9 f, 136

Amm, Elisabeth 24, 77, 143

Anna, Prinzessin von Rußland 8

Bonhoeffer, Dietrich 102, 108, 136

Borgmann, Reinhard 57, 79, 132, 159

Bormann, Martin 51, 55, 133, 138

Bradley, Nelson 137

Brjussow, sowj. Kunstfahnder 32, 76

Buhle, Walter 135

Canaris, Carl 107

Canaris, Heinz 108

Canaris, Wilhelm 68, 75, 102, 104, 107, 108, 115, 123, 132 f, 138, 145, 148, 150 ff, 164f

Carl Eduard von Sachsen–Coburg–Gotha 42

Charlotte, Prinzessin v. Preußen 9 f

Churchill, Winston 109, 142

Dohnanyi, Hans von 102, 108, 135

Dohna–Schlobitten, Alexander Fürst zu 104, 146

Dohna, Heinrich Graf zu 146

Dohnovan, William 111

Doussinague, Jose 111

Dulles, Allen W. 111

John, Otto 150, 166, 171

Kaltenbrunner, Ernst 75, 124, 135

Kaulbars, Wladimir Baron 105, 110, 125 ff,

Keiluweit, Erwin 53 ff, 64, 68, 111, 142, 148, 154

Kirill von Rußland 9, 151

Kira von Rußland 10, 74, 151, 154

Krischkowsky, Hardy 176

Krolewski, sowj. Publizist 34

Koch, Erich 30 f, 40 f, 54, 65 f, 71, 91, 95, 133, 140, 145 f

Kossygin, Alexei Nikolajewitsch 160

Küchler, Georg von 152 f, 163

Krauß, Industrieller 131 f

Lahousen, Erwin von 105

Lange, Dr. 164

Lasch, Otto General 29

Lenin, Wladimir Iljitsch 11

Lenze, Ulrich 78

Leverkuehn, Paul 110

Liebknecht, Karl 147

Louis Ferdinand, Prinz von Preußen 74, 150 ff, 160 f, 166

Luise, Königin von Preußen 9

Lunding, Hans 132 f,

Luxemburg, Rosa 147

Marie von Hessen–Darmstadt 9

Maurer, Helmut 126

Menzies, Steward 109, 111

Mielke, Erich 15, 40, 54, 172

Miquel, Pierre 9

Moltke, Helmut Graf von 110

Müller, Heinrich 135

Mutschmann, Martin 51, 71, 82, 131, 140, 146

Literatur

Abshagen, Karl Heinz: Canaris. Stuttgart 1949.

Andreas–Friedrich, Ruth: Der Schattenmann. Berlin 1986.

Buchheit, Gerd: Der deutsche Geheimdienst. München 1966.

Dohna–Schlobitten, Alexander Fürst zu: Erinnerungen eines alten Ostpreußen. Berlin 1989.

Dulles, Alan Welsh: Verschwörung in Deutschland. Kassel 1947.

Enke, Paul: Bernsteinzimmer–Report. Berlin 1986.

Heym, Stefan: Schwarzenberg. Berlin 1990.

Höhne, Heinz: Canaris. Patriot im Zwielicht. München 1976.

Lenze, Ulrich/Steinhauser, Nina: Die Jagd nach dem Bernsteinzimmer. Aus: Sphinx. Geheimnisse der Geschichte. Gustav Lübbe–Verlag 1994, Einbandfoto: "FR (Fridericus Rex), herrschaftliches Schmuckmotiv des Bernsteinzimmers"

Mader, Julius: Hitlers Spionagegegenerale sagen aus. Berlin 1970.

Miquell, Pierre: Europas letzte Könige. Stuttgart 1994.

Schneider, Wolfgang: Die neue Spur des Bernsteinzimmers. Kiepenhauer Verlag Leipzig 1994.

Wermusch, Günter: Bernsteinzimmer–Saga. Berlin 1992.

Artikel

Kleßmann, Eckart: Ich kenne das Versteck. In: Die Zeit, Hamburg 1978.

Sachartschenko, Wassili: Das Rätsel der Weichselbucht. In: Technika–molodjoschi, Moskau 1989.

Meinl, Susanne: Friedrich Wilhelm Heinz. Gießen 1993.

Unveröffentlichte Quellen

Akten der Bundesanstalt für Stasiakten, Berlin.

Akten des Bundesarchivs Freiberg.

Akten des Geheimen Preußischen Staatsarchivs, Berlin.

Akten des Sächsischen Staatsarchivs, Bergarchiv Freiberg.

Interview mit Elisabeth Amm, Berlin 1996.

Interview mit Graf Rotkirch von der Asseburg, Ostheim 1996.

Interview mit Rudolf Wyst, Stralsund 1996.

Interview mit Ingeborg Starke, Wildbach 1996.

Interview mit Erwin Keiluweit, Joketa 1994.

Interview mit Hans Seufert, Berlin 1994/1995/1996.

Interview mit Ilse Hübsch, Leipzig 1995.

Filme

Gehring, Peter: Die Suche nach dem Bernsteinzimmer, 1987.

Remy, Maurice Philip: Das Ende einer Legende, 1990.

Lenze, Ulrich, und Steinhauser, Nina: Die Jagd nach dem Bernsteinzimmer, 1994.

Köhler, Henry: Der Krieg war aus und niemand kam, 1994.

Kretzschmann, Georg: Hehler auf Befehl, Dresden 1993.

Leiser, Erwin: Otto John, Zürich 1993.

Bücher aus dem Verlag Bock & Kübler

Dr.–W.–Külz–Str. 60, D–15517 Fürstenwalde, Tel. / Fax 03361/57621

❏ **Lars To: Vi Ventet** (Wir warteten). **Nachrichtenbunker "Fuchsbau" bei Fürstenwalde.** Broschur, Format 20,0 x 13,5 cm, 160 Seiten, DM 19,80, ISBN 3–86155–080–6

Ein Bunkersystem in den Rauener Bergen bei Fürstenwalde/Spree, "Fuchsbau" genannt, wurde in den letzten Kriegsmonaten in großer Eile von Häftlingen aus dem KZ–Sachsenhausen gebaut. Bereits 1945 erschien in Oslo das Buch "Vi Ventet" des norwegischen Häft lings Odd Magnussen, das in einer deutschsprachigen Fassung vor– liegt. Ein beeindruckendes Zeitzeugnis, das viele neue Einsichten in die Zeit des Zweiten Weltkrieges vermittelt.

❏ **Bader, Ekkehard R.: Zauber im Tal der Spree. Geschichte und Geschichten entlang eines Flusses.** Text–Bild–Band (Farbe), Festein– band, Format 28,0 x 24,5 cm, 152 Seiten, DM 44,–, ISBN 3–86155–070–9

In diesem Farbband schildert der Autor, Experte für brandenbur– gisch–preußische Geschichte, seine Erlebnisse entlang der Spree, vom Oberlausitzer Bergland bis zur Mündung in die Havel. Seine Streifzüge durch Vergangenheit und Gegenwart führen ihn nach Bautzen, Cottbus, Lübbenau, Lübben, Beeskow, Fürstenwalde bis nach Berlin – von Köpenick bis nach Spandau. Die vielen poetischen Bildmotive sind der besondere Reiz dieses prachtvollen Buches.

❏ **Lüderitz, Jörg: Wiederentdeckte Neumark. Unterwegs in einer fast vergessenen Landschaft östlich der Oder.** Text–Bild–Band, Fest– einband, Format 21,8 x 21,8 cm, DM 39,80, ISBN 3–86155–031–8

Historische Stätten, Landschaften und Städte der Neumark. Der Au– tor durchforschte seine ehemalige Heimat, vermittelt Geschichte und berichtet von seinen Erlebnissen östlich der Oder. Ein Touristen– führer durch die Neumark.

❏ **Mai, Gottfried: Backen und Banken. Heiteres und Besinnliches aus der Bundesmarine.** Anekdotensammlung, Format 21,8 x 21,8 cm, Festeinband, 216 Seiten, DM 34,–, ISBN 3–86155–048–2

Wahre Begebenheiten, erlebt, erlauscht und erfunden von Dr. Gottfried Mai, 20 Jahre als Pfarrer der Bundesmarine auf allen Welt– meeren.

Inhalt